मार्केटिंग

(मेरा अनुभव)

सेल्स स्टाफ, उत्पादनकर्ताओं, डिस्ट्रीब्यूटर्स एवं रिटेलर्स के लिए बहु उपयोगी मार्गदर्शक पुस्तक

आत्म प्रकाश बांगिया

यूनीकॉर्न बुक्स

प्रकाशक
यूनीकॉर्न बुक्स

F-2/16, अंसारी रोड, दरियागंज, नई दिल्ली-110002
☎ 23275434, 23262683, 23250704 • Fax: 011-23257790
ई-मेल: info@unicornbooks.in • वेबसाइट: www.unicornbooks.in

शाखा : मुम्बई
23-25, जाओबा वाड़ी, ठाकुरद्वार, मुम्बई-400002
☎ 022-22010941, 022-22053387
ई-मेल: rapidex@bom5.vsnl.net.in

ISBN: 978-81-7806-159-7
मार्केटिंग मेरा अनुभव

संस्करण : 2015

मुद्रकः परम ऑफसेटर्स, ओखला, नई दिल्ली-110020

समर्पण

यह पुस्तक मैं, अपने पूजनीय पिता स्व. श्री शामदास जी बांगिया व माता श्रीमती शान्ति देवी की याद में समर्पित करता हूँ।

अगर उनका आशीर्वाद मेरे साथ न होता, तो निश्चय ही मैं यह पुस्तक न लिख पाता।

वे जहाँ भी हैं, उनके चरणों में प्रणाम!

जय सच्चिदानन्द

श्री सतगुरु महाराज व गुरु बाई सावित्री देवी जी की असीम कृपा के कारण ही मैं यह पुस्तक लिख पाया। उनके चरणों में बारम्बार प्रणाम!

धन्यवाद

इस पुस्तक को लिखने की प्रेरणा मुझे मेरी धर्मपत्नी श्रीमती शीला देवी के द्वारा मिली। मैं उनका हृदय से धन्यवाद करता हूँ।

— *आत्म प्रकाश बांगिया*

भूमिका

भारत के बड़े–बड़े शहरों को छोड़कर अनेक शहरों व कस्बों में 'मार्केटिंग शिक्षा' के लिए संस्थान नहीं हैं। देश में प्राइवेट सेक्टर में हजारों, लाखों, छोटी–बड़ी कम्पनियाँ हैं, जो विभिन्न प्रकार के कंज्यूमर प्रोडक्ट्स का उत्पादन कर रही हैं, जिनमें अनेकों मार्केटिंग एग्जीक्यूटिव काम कर रहे हैं।

किसी भी प्रोडक्ट को एक उत्पादनकर्ता से लेकर एक आम उपभोक्ता तक पहुँचाने में, सी.एंड.एफ, सुपर डिस्ट्रीब्यूटर, डिस्ट्रीब्यूटर, थोक विक्रेता व रिटेलर का होना अत्यन्त आवश्यक है।

इसके साथ ही किसी प्रोडक्ट को उत्पादनकर्ता से लेकर, एक उपभोक्ता तक पहुँचाने में, कम्पनी के जनरल मैनेजर, रीजनल मैनेजर, एरिया सेल्स मैनेजर, सेल्स ऑफिसर, मार्केटिंग एग्जीक्यूटिव व सेल्स स्टाफ का महत्त्वपूर्ण योगदान होता है। मैंने अनुभव किया कि मार्केटिंग संस्थानों की कमी होने के कारण व मार्केट में 'मार्केटिंग/सेल्स' विषय पर ऐसी कोई पुस्तक उपलब्ध नहीं है, जिससे मार्केटिंग स्टाफ विशेष ज्ञान प्राप्त कर सके।

इस पुस्तक में, मैंने अपने 20 वर्ष के मार्केटिंग अनुभव को उत्पादनकर्ता, डिस्ट्रीब्यूटर, रिटेलर व समस्त मार्केटिग स्टाफ में बाँटने का एक छोटा–सा प्रयास किया है। मेरा विश्वास है, विशेषकर मार्केटिंग से सम्बन्धित नये व पुराने लोगों को इस पुस्तक से बहुत कुछ सीखने को मिलेगा।

इस पुस्तक के अध्ययन से अगर किसी को थोड़ा–सा भी लाभ मिलता है, मैं समझूँगा कि मेरा यह प्रयास सफल हो गया। अगर आपको यह पुस्तक ज्ञानवर्धक लगी, कृपया अपने परिचित लोगों में इसकी चर्चा करें। धन्यवाद!

— आत्म प्रकाश बांगिया

विषय-सूची

खण्ड 1 : सेल्स स्टाफ से सम्बन्धित

1.	कर्मयोगी बनो	.....	13
2.	टिप्स फॉर परफेक्ट सेल्समैनशिप	.....	15
3.	आधुनिक एकलव्य–महेश गौतम	.....	22
4.	चमत्कार को नमस्कार	.....	23
5.	गंजे को कंघी बेचना	.....	24
6.	आज हीरो – कल जीरो	.....	25
7.	सेल्स स्टाफ को इंसेण्टिव	.....	26
8.	रिटेलिंग का ब्रह्मास्त्र	.....	27
9.	असली सेल्स किसे कहते हैं?	.....	28
10.	गर्दन हिलाना	.....	29
11.	मार्केटिंग में भी राजनीति	.....	30
12.	सेल्स लाइन में महिलाओं का योगदान	.....	31
13.	मार्केटिंग का क्या मतलब है?	.....	32

खण्ड 2 : उत्पादनकर्ता व कम्पनियों से सम्बन्धित

1.	तेल तिलों में से ही निकलता है	.....	37
2.	नई–नई कम्पनियों का मार्केट में आना	.....	39
3.	मार्केटिंग कम्पनियाँ	.....	40

4. फ्री सेम्पलिंग 42
5. लोहे के चने चबाना 44
6. मोबाइल वैन द्वारा प्रचार 46
7. डिस्प्ले 48
8. प्रोडक्ट क्यों फेल हुआ? 50
9. स्कीमें 52
10. नया माल एडवांस डिमांड ड्राफ्ट पर 54
11. अन्दरूनी इलाकों में बिक्री 55
12. जिंगल का चमत्कार 57
13. सही नाम–आकर्षक पैकिंग–क्वालिटी प्रोडक्ट 58
14. समझदार उत्पादनकर्ता 60
15. प्रोडक्ट की डिमांड कैसे बने ? 62
16. कम्पनियाँ डिस्ट्रीब्यूटर से पेमेण्ट समय पर कैसे लें। 65
17. बिना खर्च किए प्रोडक्ट की कंज्यूमर डिमांड कैसे बन सकती है? 66
18. क्वालिटी कण्ट्रोल 69
19. रिप्लेसमेंट 71
20. बार–बार डिस्ट्रीब्यूटर बदलना 72
21. डंपिग पॉलिसी 74
22. कंज्यूमर्स का रुपया करोड़पतियों की जेब में 75
23. बड़ी–बड़ी कम्पनियों की नींद उड़ गई है 77
24. उपभोक्ता अनजान 79
25. सफल बिजनेसमैन 81
26. री–पैकिंग 82
27. व्यापार में प्रगति का आधार–सही सिस्टम 84

खण्ड 3 : डिस्ट्रीब्यूटर्स व रिटेलर्स से सम्बन्धित

1. थोक विक्रेता 89
2. डिस्ट्रीब्यूटर–सेल्स स्टाफ को सहयोग क्यों देता है? 90
3. रिटेलर्स, डिस्ट्रीब्यूटर्स को सहयोग दें 92
4. मार्केटिंग में माल किसके दम पर बिकता है? 93
5. मंदी का कारण 94
6. सबसे ज्यादा फायदा कौन उठा रहा है? 96
7. सी.डी. कैश डिस्काउण्ट 98
8. मार्केटिंग का खर्चा 99

खण्ड 4 : नई वेरायटी

1. टॉयलेट सोप 103
2. रेडीमेड चाय 105
3. इलायची मिक्स चाय 106
4. भुजिया के अनेक रूप 107
5. नमकीन 'डंकौली' 108
6. नमकीन कचौड़ा 109

खण्ड 5 : सफलता के सूत्र

1. सपना दिन में देखें 113
2. हाई–फाई लोगों से सम्पर्क बनाएँ 115
3. संकल्प और लक्ष्य 117
4. नये उद्यमियों को विशेष परामर्श 119
5. आत्मा की आवाज सुनें 120
6. असफलता ही सफलता की गारंटी 121

7. डायरी लिखें 122

8. पहले कैरियर 123

9. निरोगी काया 124

10. सकारात्मक सोच 126

11. नशा करें 127

खण्ड 6 : अन्य विषयों पर

1. राज्य सरकारों व केन्द्र सरकार से अनुरोध 131

2. शताब्दी का महान् कलाकार – अमिताभ बच्चन 132

3. समझदार कौन? 133

4. विभिन्न कंज्यूमर प्रोडक्ट्स में ' हिन्दुस्तान का बादशाह कौन'? 134

5. उत्पादनकर्ता से लेकर उपभोक्ता तक एक ''चेन सिस्टम'' 135

6. धन की बाढ़ 139

7. मोबाइल कम्पनियों की भूल–भुलैया 141

8. टी.वी. चैनलों पर दिखाये जाने वाले विज्ञापनों से क्या प्रोडक्ट्स की डिमांड हमेशा बनी रहती है? 144

9. नई–नई कम्पनियों का आना 146

10. जैट फिनायल 147

11. वे उत्पादनकर्ता जिनके कंज्यूमर प्रोडक्ट्स बिक नहीं रहे और वे नये उत्पादनकर्ता जो कंज्यूमर प्रोडक्ट्स बनाने जा रहे हैं। 148

विशेष लेख

ग्रामीण रोजगार व सृजन कार्यक्रम 150

1

सेल्स स्टाफ से सम्बन्धित

1. कर्मयोगी बनो

भगवान् श्रीकृष्ण ने गीता में कहा है, कर्मयोगी बनो अर्थात् आप किसी भी क्षेत्र में क्यों न हों, हमेशा कर्म और वह भी सत्कर्म करते रहें, चाहें उसका फल कुछ भी मिले।

मेरा ऐसा मानना है कि आप अपनी तरफ से किसी भी कार्य को करने में प्रयास और मेहनत, ईमानदारी से करें, कम या ज्यादा फल जरूर मिलेगा।

सेल्स स्टाफ ने अक्सर देखा होगा कि आज उन्होंने माल दस हजार का बेचा, कल उन्होंने 15 हजार का बेचा, मगर तीसरे दिन वे 2 हजार का भी माल नहीं बेच पाये। इन तीनों दिनों में क्या कारण थे कि माल कम या ज्यादा बिका? प्रत्येक सेल्समैन अपने काम की स्वयं समीक्षा करे, कहीं न कहीं कर्म करने में प्रयास व मेहनत की कमी रही होगी।

एक अच्छा कर्मयोगी बनने के लिए, उन्हें निम्नलिखित गुणों को अपनाना होगा, तभी वे सही अर्थों में एक सच्चे कर्मयोगी बन सकते हैं।

(1) मेहनतः– एक सेल्समैन का मेहनती होना आवश्यक है। काम से जी चुराकर वह अपने क्षेत्र में सफल नहीं हो सकता। दिन भर उन्हें मेहनत तो करनी ही पड़ेगी। आजकल देखा गया है कि सेल्समैन मार्केट में मात्र 2 या 3 घंटे ही कार्य करता है, जबकि कम्पनी उसको पूरे दिन का वेतन व डी.ए. देती है। मान लीजिए, किसी रोल्समैन का वेतन 4500/–रुपये है व रोजाना का डी.ए. 100/– रुपया है। इस रोजाना वेतन का 150/– + डी.ए. 100/– मिलकर 250/– एक दिन का हो गया। अगर सेल्समैन ने 3 घंटे भी कार्य किया है, तो उसे 80/– रुपया प्रति घंटा काम करने का मिला। अब पाठकगण या वह सेल्समैन स्वयं ही फैसला करे क्या वह 80/– रुपये प्रति घंटा लेने का हकदार है? इसलिए मैं कहता हूँ कि

मेहनत करो और खूब करो। आमतौर पर ड्यूटी सुबह 10 बजे से शाम 5 बजे तक होती है और आप पूरे दिन का पैसा लेकर आधे दिन काम कर रहे हैं। चूँकि आप मेहनत से जी चुरा रहे हैं, इसलिए आप एक सफल कर्मयोगी नहीं हैं।

(2) ईमानदारी:– एक सेल्समैन का ईमानदार होना जरूरी है। ईमानदार होने का मतलब है, हर बात में सच्चाई का होना। कई बार सेल्स स्टाफ, किसी दिन स्टेशन पर कार्य करने के लिए नहीं जाता, मगर वह अपने ऑफिसर को रिपोर्ट देता है कि उसने पूरा दिन काम किया है। किसी दिन उसने मात्र 2 घंटे ही कार्य किया, मगर रिपोर्ट दी कि उसने पूरा दिन काम किया। माल मात्र 2 हजार का ही बेचा, रिपोर्ट दी कि आज उसने माल 5 हजार का बेच दिया। महीने का टी.ए. बिल बनाया, बसों या रेलों के किराया लेने में ज्यादा ले लिया। कम्पनी द्वारा उसे दिये गये फ्री सेम्पलों को उसने मार्केट में न बँटवा कर, अपने मित्रों व रिश्तेदारों में बाँट दिये। कम्पनी द्वारा उसे जो विज्ञापन सामग्री मार्केट में लगाने के लिए मिली थी, उसमें आधा ही लगवाया, बाकी को फेंक दिया। इस प्रकार अनेकों कई बाते हैं, जिसमें सेल्स स्टाफ ईमानदारी नहीं बरतता और जब काम में ईमानदारी नहीं होगी, तब वह कर्मयोगी कैसे कहलाएगा?

(3) दृढ़ निश्चयी:– दृढ़ निश्चयी होने का मतलब है, जो बात आपने पूरा करने की ठान ली, उसे हर हालत में पूरा करें। आपको कम्पनी ने इस महीने की सेल्स का टारगेट एक लाख रुपया दिया है। आप महीने के पहले दिन से ही मन में दृढ़ निश्चय कर लें कि मुझे 30 दिन के अन्दर कम्पनी द्वारा दिये गये, सेल्स के टारगेट को तो पूरा करना ही है, अपितु उससे भी ज्यादा सेल्स करनी है। अगर आप दृढ़ निश्चय करेंगे, तभी आप टारगेट पूरा कर पाएँगे, अन्यथा नहीं। मान लीजिए, आपको एक सेल्समैन से सेल्स ऑफिसर बनना है या सेल्स ऑफिसर से एरिया सेल्स मैनेजर बनना है या एरिया सेल्स मैनेजर से रीजनल सेल्स मैनेजर बनना है, तो जीवन में उन्नति के लिए हरेक बात का दृढ़ निश्चयी होना जरूरी है।

अतः अगर आप एक सच्चे कर्मयोगी बनना चाहते हैं, तो उपर्युक्त लिखी गई बातों पर गौर करें व अपने जीवन में अपनाएँ, निश्चय ही आप तो स्वयं को एक कर्मयोगी कहेंगे ही, दूसरे भी आपको कर्मयोगी कहने लगेगें, ऐसी मेरी मान्यता है।

❖❖❖

2. टिप्स फॉर परफेक्ट सेल्समैनशिप

सेल्स स्टाफ निम्नलिखित बातों का विशेष रूप से ध्यान रखें:

1. डिस्ट्रीब्यूटरों से रुपया लेना:– कम्पनी के टूर के दौरान कभी–कभी ऐसा भी होता है कि सेल्समैन के पास पैसा कम हो जाता है या असावधानीवश कहीं पर्स गिर जाता है, ऐसे हालात में सेल्समैन के पास एक ही रास्ता है कि वह जिस शहर में है, उस शहर में अपने वितरक से कुछ रुपया ले ले। लेकिन वितरक से पैसा लेने से पहले वह अपनी कम्पनी में फोन करे व अपनी समस्या के बारे में बताए व उनसे प्रार्थना करे कि उसे वितरक से पैसा दिलवा दें। यह एक सही तरीका है। कई सेल्समैन अपने व्यक्तिगत कारणों से वितरक से पैसा ले लेते हैं या फिर बिना कम्पनी की इजाजत के, जो पैसा कम्पनी को लेना होता है, उसके तहत वे पेमेण्ट ले लेते हैं, जो एक गलत बात है। अगर सेल्समैन को वितरक व अपनी कम्पनी की नजरों में अपनी अच्छी छवि बनाए रखनी है, तो वह कभी भी अपनी कम्पनी की इजाजत के बगैर वितरक से पैसा न ले।

2. सही रिपोर्ट:– आप दिन भर मार्केट में जो भी कार्य करते हैं, उसकी सही रिपोर्ट अपने ऑफिसर को दें। वितरक के गोदाम में जो भी आपकी कम्पनी का स्टॉक है, उसे आप स्वयं चैक करें, अपने ऑफिसर को जो भी आप लिखित रूप में रिपोर्ट दें, वह सत्य होनी चाहिए। कभी–कभी वितरक या उसका आदमी अनुमान से ही स्टॉक बता देते हैं, जबकि स्टॉक कम या ज्यादा होता है। आप जो भी रिपोर्ट अपने ऑफिसर को देते हैं, कम्पनी में सेल्स की प्लानिंग, आपके द्वारा दी गई रिपोर्ट के आधार पर ही बनती है। आपके द्वारा दी गई गलत रिपोर्ट, कम्पनी के व्यापार को नुकसान पहुँचाएगी। अगर आपके आँकड़े सही होंगे, तो कम्पनी के व्यापार को आगे बढ़ने में मदद मिलेगी। अगर किसी भी प्रोडक्ट में सुधार की आवश्यकता है, तो कम्पनी प्रोडक्ट में सुधार कर अपने ग्राहकों को बेहतर ढंग से पेश करेगी।

3. बातों में सच्चाई:– इस बात का सेल्समैन विशेष रूप से ध्यान रखे कि जब भी वह अपने ऑफिसर से, सुपर स्टाफिस्ट से, डिस्ट्रीब्यूटर से, रिटेलर या उपभोक्ता से बात करे, उसकी बातों में सच्चाई होनी चाहिए। किसी भी बात को सच बोलने से सब आप पर विश्वास करने लगेगें। मान लीजिए, आज आपने मार्केट में 5 हजार का माल बेचा, आप अपने ऑफिसर को आज की रिटेलिंग 5 हजार की बताएँ और, कल अगर 25 हजार का माल बेचें, तो अपने ऑफिसर को 25 हजार की रिटेलिंग बताएँ। इस बात का ध्यान रखें, आप जो भी रिपोर्ट अपने ऑफिसर को दे रहे हैं, उसकी सच्चाई का पता आपका ऑफिसर मात्र एक मिनट में वितरक से पूछ कर लगा सकता है। मार्केट में कभी–कभी झूठ भी बोलना पडता है, मगर झूठ ऐसा बोलें, जिसमें किसी का भी नुकसान न होता हो। कम्पनी द्वारा जो भी रिपोर्ट बुक दी जाती है, उसे पूरा भर कर कम्पनी को भेजें।

4. सही समय दें:– आप ड्यूटी पर होते हुए, जिसे भी मिलने का, पहुँचने का समय दें, उससे 10 मिनट पहले ही पहुँचें ताकि दोनों ही ठीक समय के हिसाब से अपनी आगे की प्लानिंग बना सकें। मान लीजिए, किसी कारणवश आप उनके पास 12 बजे पहुँच रहे हैं। उसके दो घंटे का समय आपका इन्तजार करने में ही खराब हो गया। अगर कभी ऐसा हो भी जाता है, आप तुरन्त उसे सूचित करें कि मैं 10 बजे की बजाय 12 बजे पहुँचूँगा ताकि वह 2 घंटे अपना समय किसी अन्य काम में इस्तेमाल कर सके।

5. रिटेलर से बातचीत:– जब भी आप मार्केट में रिटेलर्स के पास अपना माल बेचने के लिए जायें, सबसे पहले रिटेलर से नमस्ते करें। एक बात का ध्यान रखें, अगर रिटेलर के पास, उसका अपना ग्राहक खड़ा हो या उससे बात कर रहा हो, आप उनके बीच में कुछ न बोलें, एक तरफ आप खड़े हो जायें। जब रिटेलर फ्री हो जाये, तब आप अपने प्रोडक्ट के बारे में बात करें, यह सही तरीका है। रिटेलर से बात करते समय इस बात का ध्यान रखें कि आप जो भी उससे बात करने जा रहे हैं, आपकी बात करने का तरीका अत्यन्त प्रभावशाली होना चाहिए, अपने द्वारा बोले गये शब्दों को संतुलित भाषा में बोलें। जो भी बात करें, संक्षेप में करें।

6. हैंडसम नजर आयें:– कुछ सेल्समैन अपनी ड्रेसेज का अच्छी तरह ध्यान नहीं रखते। जो मिल गया पहन लिया। जूतों पर भी ज्यादा ध्यान नहीं देते। शेव तो 2–4 दिन बाद ही बनाते हैं। जबकि एक अच्छे सेल्समैन को अच्छे कपड़ों

में होना चाहिए। पैण्ट–शर्ट मैचिंग में होनी चाहिए। रोजाना शेव करें व आपका शू चमकता हुआ होना चाहिए। कुल मिलाकर आप हैंडसम नजर आने चाहिएँ। वैल–ड्रैस होने से सब पर आपका अच्छा प्रभाव पड़ेगा।

7. मार्केटिंग कोर्स करें:– ऐसा अधिकतर देखा गया है कि जो युवक या व्यक्ति व्यापार की ए.बी.सी. भी नहीं जानते, वे सेल्स लाइन में आ जाते हैं। आज के कम्पीटीशन के समय में किसी भी सेल्समैन द्वारा किसी भी प्रोडक्ट को मार्केट में बेचना, लोहे के चने चबाने के समान है। अतः जो भी युवक व व्यक्ति सेल्स लाइन को अपनी आजीविका का साधन हमेशा के लिए बनाना चाहते हैं, वे सबसे पहले किसी अच्छे लेखक की पुस्तक का अध्ययन करें व किसी अच्छे संस्थान से मार्केटिंग का कोर्स करें, तभी वे इस लाइन में सफल हो सकते हैं, अन्यथा नहीं। क्योंकि मार्केट में जाने से पहले आपको मानसिक रूप से तैयार होना जरूरी है।

8. प्रोडक्ट सम्बन्धी जानकारी:– जो भी प्रोडक्ट आप मार्केट मे बेचने जा रहे हैं, उस प्रोडक्ट के विषय में सभी खूबियों व कमियों के बारे में आपको जानकारी होना अत्यन्त आवश्यक है। क्योंकि इसी तरह के प्रोडक्ट्स अन्य कम्पनियों द्वारा भी बेचे जा रहे हैं। प्रोडक्ट्स की कमियों व खूबियों के बारे में भी आपको जानकारी होना अत्यन्त आवश्यक है। इसके अलावा आप इस बात का विशेष ध्यान रखें कि प्रोडक्ट या कम्पनी के बारे में गलत जानकारी डिस्ट्रीब्यूटर, रिटेलर व अन्य किसी को भी न दें। अगर आपके पास, आपके डिस्ट्रीब्यूटर द्वारा पूछी गई पूरी जानकारी नहीं है, तो आप इसके बारे में जानकारी अपनी कम्पनी से एकत्र करें, उसके पश्चात् ही अपने डिस्ट्रीब्यूटर को दें।

9. मधुर सम्बन्ध बनायें:– आज का समय किसी भी व्यापार में जबरदस्त कम्पीटीशन का है, अतः अगर सेल्स स्टॉफ मार्केटिंग के क्षेत्र में सफलता प्राप्त करना चाहते हैं, तो मार्केट में अपने सुपर डिस्ट्रीब्यूटरों, डिस्ट्रीब्यटरों, थोक विक्रेताओं एवं रिटेलर्स से मधुर सम्बन्ध बनाए रखें एवं हरेक के साथ शालीनतापूर्वक व्यवहार करें। इससे आपको अपने प्रोडक्ट को बेचने में बहुत ही आसानी होगी।

10. मार्केट का प्रोग्राम :– मार्केट में जाने से पहले सेल्समैन, डिस्ट्रीब्यूटर से यह पक्का कर लें कि आज उसे कितने घंटे कार्य करना है, कितने रिटेलर्स व होलसेलर्स विजिट करने हैं। क्योंकि ऐसा करने से डिस्ट्रीब्यूटर यथासम्भव आपके

प्रोग्राम के अनुसार समय निकालेगा। अतः डिस्ट्रीब्यूटर से आप पहले से ही कह दें कि जो भी उनके जरूरी काम हों वे या तो सुबह 10 बजे से पहले निपटा लें या फिर शाम के 4 बजे के बाद करें, ताकि डिस्ट्रीब्यूटर आपको ज्यादा से ज्यादा समय दे सकें। ऐसा करने से निश्चय ही आपकी कम्पनी को व डिस्ट्रीब्यूटर दोनों को व्यापार में लाभ मिलेगा।

11. **रिटेलिंग का समय** :– एक बात का जरूर ध्यान रखें कि मार्केट में माल बेचने का सही समय सुबह 10 बजे से शाम 4 बजे तक होता है। क्योंकि सुबह–सुबह रिटेलर्स का दिमाग फ्रेश होता है। इसके बाद डिस्ट्रीब्यूटर के पास समय नहीं होता, क्योंकि शाम को उन्हें मार्केट में पेमेण्ट लेने जाना पड़ता है और रिटेलर्स के पास शाम के समय ग्राहक आने शुरू हो जाते हैं। इसलिए रिटेलर्स आपकी बात पर ध्यान नहीं देंगे।

12. **अपने प्रोडक्ट को सम्भालें**:– सेल्स स्टाफ इस बात का ध्यान रखें कि जब वे रिटेलर्स के पास जाएँ, सबसे पहले उनकी दुकान में रखे अपने प्रोडक्ट को सम्भालें कि हमारा प्रोडक्ट दुकान में कहाँ रखा है। कई बार ऐसा होता है कि आपका प्रोडक्ट दुकान में ऐसी जगह रखा होता है, जहाँ पर न तो दुकानदार का ध्यान जाता है और न ही किसी ग्राहक का ध्यान जाता है। कई बार दूसरी कम्पनी के प्रोडक्ट के पीछे रख दिया जाता है, दुकानदार को ही ध्यान नहीं रहता। उसके सामने जो भी प्रोडक्ट आता है, ग्राहक की डिमांड के अनुसार देता रहता है। कई बार स्वयं रिटेलर द्वारा प्रोडक्ट को दुकान में इतना ऊँचा रख दिया जाता है कि दुकानदार भी आसानी से उठा नहीं पाता। अतः सेल्स स्टाफ की ड्यूटी है कि जब वे रिटेलर्स की दुकान पर जाएँ, सबसे पहले अपने प्रोडक्ट को सम्भालें व अपने प्रोडक्ट को दुकान के शुरू–शुरू के स्थानों में ऐसी जगह पर अपने हाथों से रखें, जहाँ दुकानदार का हाथ आसानी से जाता हो। अगर सेल्स स्टाफ ऐसा करता है, तो इसका सीधा असर रिटेलर्स पर पड़ेगा व रिटेलर भी आपके प्रोडक्ट को बेचने में रुचि रखेगा।

13. **भविष्य में तरक्की करनी है**:– मान लीजिए इस समय आप किसी कम्पनी में सेल्स रिप्रजेण्टेटिव हैं या सेल्स ऑफिसर हैं। आप इस बात का स्वयं विचार करें, क्या आप हमेशा सेल्स रिप्रजेण्टेटिव या सेल्स ऑफिसर बने रहेंगे या आपको आगे तरक्की करके और ऊँचे पदों पर काम करना है, पैसा कमाना व

समाज में अपना यश बढ़ाना है। अतः आप अपनी सोच को इस प्रकार बनाएँ कि मुझे लगातार तरक्की करनी है और अच्छा पैसा कमाना है।

लेकिन यह तभी सम्भव हो सकता है जब आप जिस भी पद पर हैं, कड़ी मेहनत करें, कार्य में ईमानदारी बरतें, तभी आप अपनी कम्पनी की नजरों में आएँगे और अगर आपने कम्पनी को अच्छे रिजल्ट्स दिए हैं, तो समय आने पर कम्पनी आपको प्रमोशन देगी व अच्छा पैसा भी देगी।

एक सेल्स रिप्रजेण्टेटिव या सेल्स ऑफिसर के पद पर कार्य करते हुए आपको यह बात हमेशा दिमाग में रखनी है कि मुझे अपनी जिन्दगी में रीजनल मैनेजर के पद तक पहुँचना है, तभी आप पहुँच पाएँगे, अन्यथा नहीं।

14. अन्य कम्पनियों से सम्बन्ध बनाए रखें:– बड़ी कम्पनियों को छोड़कर छोटी व नई कम्पनियों में काम करने वाले समस्त सेल्स स्टाफ को इस लेख द्वारा मैं परामर्श देना चाहता हूँ कि अगर वे अपनी कम्पनी को सेल्स के अच्छे रिजल्ट नहीं देगें, टूर के दौरान किसी प्रकार की ''फर्लो'' मारेंगें, कम्पनी से झूठ बोलेगें, कम्पनी को वेवकूफ बनाने की कोशिश करेगें, तो उस बात का पता लगने पर कम्पनी आपको नौकरी से हटा देगी।

इसी प्रकार अगर कम्पनी आपको समय पर तनख्वाह व टूर एडवांस नहीं देती, नाजायज तरीके से आपके ऑफिसर परेशान करते हैं, जैसे मान लीजिए, कम्पनी इन तीन महीनों का सेल्स टारगेट 5 लाख रुपया रखती है और आप अपना टारगेट पूरा कर देते हैं, तो आपका ऑफिसर यह सोचता है कि 5 लाख की सेल्ज टारगेट कम है। वह अगले 3 महीने की सेल्स टारगेट एक लाख रुपए और बढ़ा देता है और यथासम्भव आप सेल्स टारगेट पूरा कर देते हैं। हालाँकि आपने कड़ी मेहनत करके 6 लाख की सेल्स की, मगर फिर अगली बार ऑफिसर एक लाख की टारगेट और बढ़ा देता है, तो बार–बार व जल्दी–जल्दी सेल्स टारगेट बढ़ाने का मतलब है, आपको परेशान करना। इसके अलावा और भी कारण हो सकते हैं, जिसमें आप मन ही मन नौकरी छोड़ने की सोचते हैं।

ऐसे हालात में मेरा उन सेल्स स्टाफ को परामर्श है कि वे इस कम्पनी में नौकरी करते–करते दूसरी कम्पनियों के ऑफिसरों से सम्पर्क बनाए रखें, ताकि कभी भी नौकरी छोड़नी पड़े, तो तुरन्त दूसरी कम्पनी में नौकरी मिल जाये।

इस लेख द्वारा मैं कम्पनियों के ऑफिसर लोगों को परामर्श दूँगा कि वे नाजायज तरीके से अपने नीचे काम करने वाले स्टाफ पर किसी प्रकार का नाजायज दबाव न बनाएँ। क्योंकि जिस प्रकार कम्पनी के सामने नौकरी करने वाले अनेक होते हैं, उसी प्रकार सेल्स स्टाफ के भी सामने कई कम्पनियाँ होती हैं, जिन्हें अच्छे सेल्स स्टाफ की जरूरत होती है।

15. सैम्पल साथ में लेकर जायें :– मैं कम्पनियों के सेल्स रिप्रजेण्टेटिव को परामर्श दूँगा कि वे मार्केट में जब भी जायें, अपनी कम्पनी के प्रोडक्ट सैम्पल साथ में लेकर जायें, ताकि जब आप किसी भी रिटेलर से ऑर्डर बुक करने की बात करें, आपके प्रोडक्ट को देखकर उसे याद आ जाये। क्योंकि इस समय मार्केट में रोजाना नई–नई कम्पनियाँ अपने प्रोडक्ट्स को ला रही हैं। चाहें प्रोडक्ट को रिटेलर जानता भी हो तब भी रिटेलिंग के समय अपना प्रोडक्ट उसके सामने जरूर रखें, तभी रिटेलर, प्रोडक्ट लेना है या नहीं लेना हैं, का तुरंत फैसला कर पाएगा। अतः रिटेलिंग के समय मार्केट में अपने प्रोडक्ट्स मय रेट्स व स्कीम के ले जाना ज्यादा उचित होगा।

16. टूर एडवांस:– सेल्स स्टाफ को कम्पनी के कार्य से काफी दिनों के लिए टूर पर जाना होता है, कम्पनी द्वारा सेल्समैन को एक अनुमान के हिसाब से एडवांस पैसा दिया जाता है ताकि सेल्स स्टाफ टूर के दौरान होने वाले खर्चे– जैसे बस या रेल का किराया, टेलीफोन का खर्चा, खाने पीने का खर्चा, रिक्शा भाड़ा व ठहरने का खर्चा आदि खर्चे कर सकें और कर्मचारी उसी हिसाब से खर्चा करता है।

ऐसा देखा गया है कि कई कम्पनियाँ अपने सेल्स स्टाफ को टूर खर्चा एडवांस में नहीं देतीं। उनकी सोच होती है कि सेल्समैन अपनी जेब से खर्चा करे। कई कम्पनियाँ तो महीने की तनख्वाह व टी.ए. बिल का खर्चा 2–3 महीने के बाद देती हैं, ताकि सेल्स स्टाफ अपने पास से पैसा खर्च करके कम्पनी के साथ बँधा रहे, जो कि एक गलत सिस्टम है। अगर सेल्स स्टाफ के पास इतना ही पैसा होता, तो वह नौकरी ही क्यों करता?

कम्पनियों द्वारा अपने सेल्स स्टाफ को टूर एडवांस न देना एक गलत बात है, क्योंकि सेल्स स्टाफ कम्पनी के काम से टूर पर जाता है। ऐसा वे कम्पनियाँ करती हैं, जिनके पास या तो पूँजी नहीं होती या उनकी नीयत ठीक नहीं होती।

कभी–कभी ऐसा भी होता है कि टूर के दौरान सेल्स स्टाफ के पास पैसा खत्म हो जाता है, ऐसे हालात में सेल्स स्टाफ क्या करे? दूसरे शहर में पैसे का इन्तजाम करने का एक ही रास्ता है कि वह अपने डिस्ट्रीब्यूटर से पैसा ले ले। लेकिन यह तरीका गलत है। जब भी किसी सेल्स स्टाफ के पास पैसा खत्म हो जाता है या पर्स वगैरह गिर जाता है, तो ऐसे हालात में सेल्स स्टाफ को चाहिए कि वह अपने ऑफिसर को फोन करे व अपनी तकलीफ के बारे में बताए। ऑफिसर द्वारा उस स्टेशन के डिस्ट्रीब्यूटर को फोन करने के बाद ही सेल्स स्टाफ डिस्ट्रीब्यूटर से पैसे के लिए बात करे। यह एक सही तरीका है।

❖❖❖

3. आधुनिक एकलव्य-महेश गौतम

किसी समय मेरे पास एक सेल्स रिप्रजेण्टेटिव ने काम किया था, नाम है– महेश गौतम। मेहनती, समझदार, दृढ़ निश्चयी व कर्मयोगी। जिस तरह से चाँद में दाग है, उसी तरह उसमें भी अनेक खूबियों के बावजूद कुछ कमियाँ थीं, जिनका जिक्र मैं यहाँ नहीं करूँगा। क्योंकि कोई भी अपने आप में सम्पूर्ण नहीं होता। प्रत्येक इंसान में कमियों का होना स्वाभाविक बात है। चूँकि मैं उसके कार्य से प्रभावित था, इस कारण मैं नहीं चाहता था कि उसमें एक भी कमी हो। सेल्स लाइन में वह हीरा है। उन्हीं दिनों, मैंने उसे आशीर्वाद दिया था कि आने वाले 10 सालों में वह किसी कम्पनी में मैनेजर के पद पर होगा। वह मुझे अपना गुरु मानता है, लेकिन मैंने उसे कभी शिष्य नहीं माना, क्योंकि मैंने कभी भी उसे शिक्षा नहीं दी।

मैंने उससे यह बात कही भी, लेकिन उसका हर बार कहना था, 'क्या हुआ, आपने मुझे न तो शिष्य ही बनाया और न ही मुझे सेल्स की शिक्षा दी। मैंने तो आपको महाभारत के एकलव्य की भाँति अपना गुरु माना है। एकलव्य ने गुरु द्रोणाचार्य की मिट्टी की मूर्ति बनाकर, उनसे शिक्षा ली थी, मैंने आपको अपने दिल में बसाया है। जब भी कभी आप किसी से या मेरे से बात करते थे, मैं आपकी बातों को अपने दिल में धारण करता जाता था और इस प्रकार मैंने आपसे सेल्स की शिक्षा ली।' आज वह हिन्दुस्तान की एक बड़ी कम्पनी ''चार बूँदों वाला'' में हिमाचल में ''हिमाचल स्टेट इंचार्ज'' के पद पर है। इस पद पर पहुँचने में उसे मात्र 4–5 साल लगे। अतः मेरी मान्यता है कि अगर आप जीवन में अच्छा पैसा कमाना चाहते हैं व ऊँचा पद प्राप्त करना चाहते हैं, तो किसी न किसी को अपना गुरु जरूर बनाएँ, चाहे आज के एकलव्य महेश गौतम की भाँति ही क्यों न बनाएँ।

❖❖❖

4. चमत्कार को नमस्कार

इस दुनिया में उन लोगों को हमेशा याद किया जाता है, जिन्होंने औरों के मुकाबले कुछ अलग करके दिखाया। इतिहास के पन्नों में उनका नाम बड़े गर्व के साथ लिया जाता है। उन्हें विशेष पुरस्कार दिये जाते हैं, उन्हें विशेष पद दिये जाते हैं व पैसे की तो उन्हें कमी नहीं रहती।

चूँकि मेरा यह लेख सेल्स स्टाफ के लिए है, अतः उन्हें सलाह दी जाती है कि अपने क्षेत्र में वे कुछ हट कर के दिखाएँ, जिससे उन्हें भी मान–सम्मान के साथ–साथ पैसा भी मिले।

एक नया व्यक्ति, जो सेल्समैन के पद से शुरू हुआ था, मात्र 10 साल में सेल्स मैनेजर के पद पर पहुँच गया, मान–सम्मान भी मिला और पैसा भी मिला। क्योंकि कार्य को उसने एक सच्चा कर्मयोगी बनकर किया। मगर वहीं एक दूसरा व्यक्ति 10 साल पहले जब उसने सेल्समैन शिप शुरू की थी, आज 10 साल बाद भी, सेल्समैन के पद से ज्यादा नहीं बढ़ पाया, कारण? उसने काम को दिल से नहीं किया।

अतः अगर आप चाहते हैं कि आपको खूब मान–सम्मान मिले, खूब पैसा मिले, तो अपने–अपने क्षेत्र में कुछ चमत्कार करके दिखाएँ, तभी आपको सब नमस्कार करेंगे।

❖❖❖

5. गंजे को कंघी बेचना

आपने एक कहावत सुनी होगी, असली सेल्समैन वह है, जो उस व्यक्ति को भी कंघी खरीदने पर मजबूर कर दे, जिसके सिर पर बाल ही नहीं हैं। आप सोचते होंगे कि उस सेल्समैन ने उस गंजे व्यक्ति से ऐसा क्या कह दिया, जिससे उसने उससे कंघी खरीद ली। मेरे विचार से उसने शायद यह कहा होगाः–

हमारी कम्पनी ने इस कंघी में ऐसे हर्बल तत्त्व डाले हैं कि अगर कोई गंजा व्यक्ति इस कंघी को अपने सिर पर दिन में 15–20 बार फेरे, तो उसके सिर पर कुछ ही दिनों में बाल आ जाएँगे। गंजा व्यक्ति उसकी बातों में आ गया व उसने कंघी उससे खरीद ली।

अब उसके सिर पर बाल आये होगें या नहीं, इस बात का अनुमान आप स्वयं लगा सकते हैं।

इसी कहावत के आधार पर, मेरी मान्यता है कि अगर आपकी बाहरी पर्सनेल्टी अच्छी है, बोल–चाल की भाषा सरल व प्रभावशाली है, बात करते समय आप शब्दों को चुन–चुन कर के बोलते हैं, आपकी बातों में सच्चाई नजर आती है, जब आप मार्केट में किसी भी पार्टी या रिटेलर से बात करें, आपकी बात पर वे पूरा विश्वास करें, तब आपके पास कोई भी प्रोडक्ट क्यों न हो, आप आसानी से उसे बेच सकते हैं।

❖❖❖

6. आज हीरो-कल जीरो

जब तक सेल्स स्टाफ अपनी कम्पनी को अच्छे रिजल्ट्स देते रहेगें, आपकी हर बात मानी जाएगी। जो भी माँग है, यथासमय कम्पनी उसे पूरा करेगी। आपकी मिसालें, सेल्स के दूसरे स्टॉफ को दी जाएँगी। कम्पनी के ऑफिसरों की नजर में आपके साथ एक हीरो जैसा व्यवहार किया जाएगा।

लेकिन जिस दिन आपने अच्छे रिजल्ट्स देने कम कर दिए, कम्पनी की नजर में आप जीरो हो जाएँगे। ऐसे समय में कम्पनी अपनी कमियों को सुनना भी पसन्द नहीं करेगी, सारा दोष आप पर डाला जाएगा।

इस कारण सेल्स स्टाफ को सलाह दी जाती है कि कभी भी किसी कम्पनी में सेल्स का चमत्कार, एक बार व नौकरी के शुरू–शुरू में ही न दिखा दें। सेल्स को धीरे–धीरे बढ़ाएँ ताकि थोड़े समय में ज्यादा चमत्कार की आपसे उम्मीद न की जा सके। अन्यथा आप हीरो से जीरो बन जाएँगे।

❖❖❖

7. सेल्स स्टाफ को इंसेण्टिव

आमतौर पर ज्यादातर कम्पनियाँ अपने सेल्स स्टाफ को वेतन, डी.ए. वगैरह देती हैं और उसी के हिसाब से कम्पनियाँ सेल्स स्टाफ से सेल्स लेती हैं व सेल्स स्टाफ सेल देता है। यह सेल की एक सामान्य प्रक्रिया होती है।

कुछ कम्पनियाँ अपने सेल्स स्टाफ को फिक्स वेतन के अलावा, एक्स्ट्रा सेल्स पर कुछ प्रतिशत अलग से कमीशन, इंसेण्टिव या फिर गिफ्ट देती हैं।

एक्स्ट्रा कमीशन देना व एक्स्ट्रा सेल करके एक्स्ट्रा पैसा लेना, कम्पनी व सेल्स स्टाफ दोनों के हित में है। ऐसा करने से कम्पनी को एक्स्ट्रा सेल्स मिल जाती है व स्टाफ को एक्स्ट्रा पैसा मिल जाता है।

अतः कम्पनियों द्वारा अपने सेल्स स्टाफ को एक्स्ट्रा इंसेण्टिव जरूर देना चाहिए, और सेल्स स्टाफ को इसका पूरा फायदा उठाना चाहिए।

❖❖❖

8. रिटेलिंग का ब्रह्मास्त्र

यह लेख उन नई कम्पनियों के नये प्रोडक्ट्स के लिए है, जिन्हें मार्केट में रिटेलर्स को बेचना है। आमतौर पर इस जबरदस्त कम्पीटीशन के समय नये प्रोडक्ट्स को मार्केट में बेचना इतना आसान नहीं है। फिर भी एक तरीका है, जिसे अपना कर कम्पनियाँ व सेल्स स्टाफ बड़ी ही आसानी से अपना प्रोडक्ट रिटेलर्स को बेच सकते हैं।

जो भी प्रोडक्ट मार्केट में देना है, कम्पनियाँ उसके छोटे–छोटे सेम्पल्स बनवा लें, जिन पर लिखा हो "Sample not for sale"। जब भी सेल्स स्टाफ रिटेलर्स के पास जायें, एक पीस खोलकर रिटेलर को दें व कहें कि यह सेम्पल पीस आपके स्वयं के इस्तेमाल के लिए है, आप प्रोडक्ट की क्वालिटी स्वयं चेक करें। अगर आप हमारे प्रोडक्ट से सन्तुष्ट हों, तभी आप हमारे प्रोडक्ट को बेचें अथवा नहीं। ऐसा कहने से आपकी बात का असर रिटेलर पर पड़ेगा। इसी संदर्भ में मैं एक बात और कहना चाहूँगा जिससे कि रिटेलर्स हर हालत में आपका माल ले ही लें। आप रिटेलर्स से कहें,– 'अगर हमारे माल में कोई ग्राहक शिकायत कर दे, तो आप हमारा सारा माल वापिस कर दें।' यह शब्द आप तभी कहें, जब आपका प्रोडक्ट, क्वालिटी प्रोडक्ट हो। ऐसा कहने से निश्चय ही रिटेलर आपका माल ले लेगा। इसके साथ ही आप उस प्रोडक्ट का एक आर्डर साथ के साथ बुक कर लें। निश्चय ही आप देखेंगे कि शाम तक जितने आपने रिटेलर्स विजिट किये हैं, उनमें से 75 प्रतिशत रिटेलर्स से आपने आर्डर बुक कर लिये होंगे।

इस बारे में मेरा स्वयं का अनुभव है। अगर सेल्स स्टाफ की आवाज में दम होगा, तो निश्चय ही 90 प्रतिशत तक रिटेलर्स को उसी दिन ही माल बेचा जा सकता है।

❖❖❖

9. असली सेल्स किसे कहते हैं?

मान लीजिए, कम्पनी ने 2 लाख रुपये का माल सुपर स्टाकिस्ट को भेजा। सुपर स्टाकिस्ट ने वही माल सारे डिस्ट्रीब्यूटरों को भेज दिया और डिस्ट्रीब्यूटरों ने वही सारा माल रिटेलर्स को भेज दिया।

कम्पनी ने सुपर स्टाकिस्ट को माल बेचा, सुपर स्टाकिस्ट ने स्टाकिस्ट को बेच दिया, स्टाकिस्ट ने रिटेलर्स व थोक विक्रेता को बेच दिया, एक आम भाषा में इसे ही 'सेल्स' कहते हैं। हर कोई कह सकता है कि हमने इस महीने में 2 लाख की सेल की है।

मगर वास्तव में यह असली सेल नहीं है। एक ने अपने गोदाम से, दूसरे के गोदाम में माल भर दिया। मेरी राय में असली सेल उसे कहते हैं, जो माल रिटेलर द्वारा उपभोक्ता को बेच दिया गया हो।

मान लीजिए, उस 2 लाख रुपये के माल में से रिटेलर्स द्वारा उस महीने मात्र 50 हजार का माल बेचा गया हो व डेढ़ लाख का माल रिटेलर्स की दूकानों में ही रखा हो।

पाठकगण! आप स्वयं ही फैसला करें कि असली सेल 2 लाख रुपये की हुई या 50 हजार रुपये की।

❖❖❖

10. गर्दन हिलाना

भारत की 'ए' क्लास कम्पनियों के सेल्स स्टाफ को छोड़कर, मैं उन नई कम्पनियों के सेल्स स्टाफ की बात कर रहा हूँ, जिन्हें इस बात का बखूबी तजुर्बा होगा कि जब वे मार्केट में रिटेलर्स के पास जाकर अपने प्रोडक्ट के बारे में बात करते हैं, रिटेलर्स की गर्दन माल न लेने के लिए हिल जाती है। कभी–कभी तो यहाँ तक देखा गया है कि अभी सेल्समैन ने रिटेलर्स की दुकान में कदम रखकर नमस्ते ही की है कि रिटेलर्स ना के लिए गर्दन हिला देते हैं।

ना के लिए रिटेलर्स की हिलती हुई गर्दन को देखकर प्रत्येक सेल्समैन को अच्छा नहीं लगता। ऐसे हालात में सेल्समैन क्या करे? क्या वह तुरन्त दुकान से उतर जाये? नहीं! सेल्समैन उससे प्रार्थना भरे शब्दों में कहे कि वे माल लें या न लें, यह अलग बात है, कम से कम मेरी बात को सुन तो लें और जब सेल्समैन को लगे कि वह उसकी बातें सुनने को तैयार है, तो बहुत ही कम शब्दों में प्रोडक्ट के बारे में उससे बात करे। हो सकता है, आपकी कही बातों से वह सहमत हो जाये व तुरन्त माल का आर्डर भी दे दे।

मेरे साथ भी ऐसा कई बार हुआ है, पर उनकी ना में हिलती हुई गर्दन को देखकर मैं निराश नहीं होता। उनसे प्रार्थना भरे शब्दों में कहता हूँ कि कृपया आप मेरी बात तो सुन लें। हो सकता है, आपको मेरी बात ठीक लगे और आप माल ले लें। अगर माल लेंगें तो आप भी कुछ न कुछ कमाएँगे। शायद मैं पहला सेल्समैन हूँ पर अभी तो दिनभर में न जाने कितनी कम्पनियों के और सेल्समैन आएँगे। अगर आप इसी तरह सबके सामने ना में गर्दन हिलाते रहे, तो गर्दन हिलाने की आपको बीमारी हो जाएगी। इस समस्या का समाधान प्रत्येक सेल्समैन, अपने–अपने ढंग से कर सकता है।

नोटः– उपर्युक्त बात सेल्समैन, रिटेलर्स से कहे या न कहे, मैं सेल्स स्टाफ के विवेक पर छोड़ता हूँ।

11. मार्केटिंग में भी राजनीति

अन्य क्षेत्रों की तरह ही मार्केटिंग क्षेत्र में भी राजनीति फैली हुई है। रीजनल सेल्स मैनेजर से एरिया सेल्स मैनेजर, सेल्स आफिसर व सेल्स रिप्रजेण्टेटिव तक कोई भी नहीं चाहता कि मेरे नीचे काम करने वाला स्टाफ उससे भी आगे बढ़ जाये। ऊपर से लेकर नीचे तक हर कोई एक–दूसरे के पर काटने में लगा रहता है, जबकि रीजनल सेल्स मैनेजर से लेकर सेल्स रिप्रजेण्टेटिव तक एक–दूसरे पर निर्भर रहते हैं। अगर किसी को सेल्स का एक अच्छा आर्डर मिल जाये, तो उसका सारा श्रेय हर कोई, अपने बॉस की नजर में चढ़ने के लिए अपने ऊपर लेता है, चाहे वह अच्छा आर्डर सेल्स रिप्रजेण्टेटिव ने ही बुक क्यों न किया हो।

इसके अलावा अगर नीचे वाले स्टाफ ने ज्यादा होशियारी दिखाने की कोशिश की, तो उसे डाँट तो पड़ेगी ही, उसे नौकरी से भी निकाला जा सकता है।

एक बार, एक सेल्स रिप्रजेण्टेटिव ने अपने एरिया सेल्स मैनेजर की एक शिकायत मैनेजिंग डायरेक्टर से कर दी। मैनेजिंग डायरैक्टर ने एरिया सेल्स मैनेजर से उस बारे में जिक्र किया और एरिया सेल्स मैनेजर ने पोजीशन को सम्भालते हुए, सारा दोष उस सेल्स रिप्रजेण्टेटिव पर डाल दिया, जिसने मैनेजिंग डायरेक्टर से उनकी शिकायत की थी। एरिया सेल्स मैनेजर ने मैनेजिंग डायरेक्टर को मात्र इतना ही कहा कि वे बेईमान हैं। ये शब्द सुनते ही मैनेजिंग डायरेक्टर ने एरिया सेल्स मैनेजर को तुरन्त कहा कि उस सेल्स रिप्रजेण्टेटिव को तुरन्त नौकरी से हटा दें। इस प्रकार मार्केटिंग क्षेत्र में भी राजनीति चलती है।

❖❖❖

12. सेल्स लाइन में महिलाओं का योगदान

आज की महिला हर कार्यक्षेत्र में आगे बढ़ रही है और अच्छे रिजल्ट्स पैदा कर रही है। वह कौन–सा क्षेत्र है, जहाँ महिलाओं ने कदम न रखा हो, सिवाय सेल्स लाइन के। शायद इसका कारण यह है कि महिलाएँ घर से बाहर नहीं रह सकतीं, लम्बी–लम्बी यात्राएँ नहीं कर सकतीं और लगातार 5–7 घंटे पैदल नहीं चल सकतीं। टूर के दौरान वैसे भी महिलाओं को धर्मशाला, गैस्टहाउस या होटल में अकेला ठहरने नहीं दिया जाता। और भी ऐसे कई कारण हो सकते हैं, जिसके कारण महिलाएँ सेल्स लाइन में नहीं जातीं।

उपर्युक्त जितनी भी बातें लिखी गई हैं, मैं इनसे सहमत हूँ। मगर फिर भी मेरा ऐसा मानना है कि प्रत्येक महिला, जिनकी उम्र 20–30 के बीच में है, वह उस मार्केट में सेल्स के लिए जा सकती है, जिस शहर में वह रहती है। इसके अलावा भी आसपास के नजदीकी शहरों में भी वे जा सकती हैं, जहाँ से वे सुबह जाकर शाम तक वापस आ सकती हैं। सुबह से शाम तक 5–7 घंटे मार्किट में रहना, शायद बड़ी बात नहीं है।

अतः इस लेख द्वारा मेरा ऐसी महिलाओं से अनुरोध है कि वे इस क्षेत्र में भी आगे आयें और कम्पनियों से भी यही कहना है कि वे महिलाओं को सेल्स लाइन की ट्रेनिंग दें व विशेष सुरक्षा के उपाय बताएँ ताकि वे इस क्षेत्र में भी अन्य क्षेत्रों की भाँति कार्य करके, पैसा कमा सकें।

अगर ऐसा हो जाता है, तो निश्चय ही महिलाएँ पुरुषों के मुकाबले ज्यादा रिजल्ट्स दे सकती हैं। क्योंकि रिटेलर, पुरुष सेल्समैन को आसानी से आर्डर नहीं देता। मगर चूँकि हमारे समाज में महिलाओं को आदर दिया जाता है, इस कारण, जब महिलाएँ, रिटेलर्स से आर्डर लेने जायेंगी, रिटेलर को ना के लिए बार–बार सोचना पड़ेगा और आर्डर दे ही देगा, जिससे निश्चय ही कम्पनियों को सेल्स का जबरदस्त फायदा होगा।

13. मार्केटिंग का मतलब क्या है?

आमतौर पर ''मार्केटिंग'' का क्या अर्थ निकला जाता है, आप गौर करें :–

एक सेल्स स्टाफ से यह पूछा गया कि :–

सवाल – आप किस क्षेत्र में कार्य करते है?

जवाब – मैं मार्केटिंग में हूँ।

सवाल – किस वस्तु की मार्केटिंग करते है?

जवाब – नहाने के साबुन की।

सवाल – साबुन के लिए आप क्या करते हैं?

जवाब – उसे मार्केट में बेचता हूँ।

सवाल – साबुन को मार्केट में बेचने के अलावा आप और क्या जानते हैं?

जवाब – कुछ भी नहीं।

ज्यादातर सेल्स स्टाफ सिर्फ प्रोडक्ट के बेचने को ही मार्केटिंग समझते हैं, जबकि मेरे अनुभव के आधार पर मार्केटिंग का मतलब बहुत व्यापक होता है और उसका ज्ञान होना सेल्स स्टाफ के लिए जरूरी होता है।

जो भी प्रोडक्ट आप मार्केट में सेल करने जा रहे हैं, उस प्रोडक्ट्स से सम्बन्धित सभी बातें आपको मालूम होनी चाहिए।

1. प्रोडक्ट की सुपर डिस्ट्रीब्यूटर रेट्स, रिटेलर रेट्स व उसका खुदरा मूल्य क्या है?

2. उस प्रोडक्ट के साथ क्या स्कीम है? प्रोडक्ट के साथ जो भी स्कीम है, मार्केट में साथ लेकर जायें।

3. जो प्रोडक्ट आप बेचने जा रहे हैं, उसके बनाने का क्या फार्मूला है व क्या–क्या रॉ मैटीरियल उस प्रोडक्ट को बनाने में काम आते हैं।

4. प्रोडक्ट किस कीमत में कम्पनी को पड़ता होगा।

5. उस प्रोडक्ट से सम्बन्धित किसी प्रकार का विज्ञापन आपकी कम्पनी इस समय कर रही है या निकट भविष्य में करने जा रही है।

6. इस पुस्तक में दिये गये 'टिप्स फॉर परफेक्ट सेल्समैनशिप' में लिखे गये टिप्स पर आप अमल कर रहे हैं या नहीं?

7. मार्केट में स्कीम कब तक लागू रहेगी।

8. अगर निकट भविष्य में कम्पनी प्रोडक्ट के भाव बढ़ाने जा रही है, तो मार्केट में अभी से ही कह दें कि अमुक समय से उनके प्रोडक्ट के भाव बढ़ जाएँगें।

9. जिस प्रकार का प्रोडक्ट आप सेल कर रहे हैं, उसी प्रकार के प्रोडक्ट्स को अन्य कई कम्पनियाँ भी बेच रही हैं, उन तमाम कम्पनियों के प्रोडक्ट्स के बारे में आपको सारी जानकारी होनी चाहिए।

10. अगर प्रोडक्ट सम्बन्धी कोई जानकारी नहीं है, तुरंत अपनी कम्पनी या ऑफिसर से पूछें।

11. अपने ऑफिसर या कम्पनी को आप यथासम्भव बताएँ कि प्रतिस्पर्द्धी कम्पनी मार्केट में क्या–क्या कर रही है। क्या स्कीम दे रही है? उनके रेट्स क्या हैं?

12. मार्केट में रिटेलर, उपभोक्ता, डिस्ट्रीब्यूटर या सुपर डिस्ट्रीब्यूटर से मिलने वाले सुझावों को आप कम्पनी या अपने उच्च ऑफिसर को बताएँ ताकि कम्पनी को पता लगे कि अमुक सुझाव अच्छा है और वे तुरंत उस पर कार्यवाही चालू कर दें।

13. प्रोडक्ट सम्बन्धी कोई भी समस्या आपको आ रही है, तुरंत अपने उच्च ऑफिसर को बताएँ।

14. किस–किस मार्केट में डिस्ट्रीब्यूटर अच्छी सेल दे रहा है? वह आपको रिटेलिंग में सहयोग दे रहा है या नहीं?

15. विज्ञापनों के प्रत्येक साधनों पर कितना खर्चा आता है व उसको करने का क्या तरीका है? आपको मालूम होना चाहिए।

16. विज्ञापन किस प्रकार का बने, इस बात का आपको पता होना चाहिए।

17. व्यापार की सारी गतिविधियों का आपको पता होना चाहिए, तभी आप मार्केटिंग का सही अर्थ समझ पाएँगें।

❖❖❖

2

उत्पादनकर्ता व कम्पनियों से सम्बन्धित

1. तेल तिलों में से ही निकलता है

मैं उन तमाम छोटी व नई कम्पनियों का ध्यान इस लेख की ओर दिलाना चाहता हूँ। एक व्यक्ति जो उत्पादनकर्ता द्वारा उत्पादित किये गये प्रोडक्ट्स को, डिस्ट्रीब्यूटर, रिटेलर व एक आम उपभोक्ता तक पहुँचाने में एक महत्त्वपूर्ण कड़ी का काम करता है, वह है सेल्स रिप्रजेण्टेटिव। यही वह इंसान है, जो कम्पनी द्वारा दी गई बहुत ही थोड़ी तनख्वाह व डेली एलाउंस लेकर, सुबह 8:00 बजे से शाम 6:00 बजे तक कार्यक्षेत्र में रहता है। एक आम कम्पनी, अपने सेल्स रिप्रजेण्टेटिव को 3 से 4 हजार रुपया महीना वेतन व रोजाना का 50–60 रुपये डी.ए. देती है। उत्पादनकर्ता इस बात पर ध्यान नहीं देता कि मात्र 100–125 रुपये रोजाना लेने वाला उसका सेल्स रिप्रजेण्टेटिव न तो कड़ी धूप की परवाह करता है, न तेज बारिश की और न ही तेज सर्दी की परवाह। सेल्स रिप्रजेण्टेटिव का अपना परिवार है, घर–गृहस्थी के खर्चे हैं, बीमारी का खर्चा है, मकान का किराया भी देना होता है।

कम्पनियाँ खुद ही विचार करें कि क्या मात्र 100–125 रुपये प्रतिदिन के हिसाब से लेने वाले सेल्स रिप्रजेण्टेटिव से आप लाखों रुपये की सेल की कैसे उम्मीद कर सकते हैं? क्या हर बात में वह ईमानदारी बरतेगा? नहीं! वह भी सोचता है, कि जितना पैसा–उतना काम। नतीजा, कम्पनी के लाखों के कारोबार पर बुरा असर पड़ता है।

इस लेख द्वारा मैं भारत की बड़ी कम्पनियों को छोड़कर, उन छोटी व नई कम्पनियों से अनुरोध करता हूँ कि वे अपने सेल्स स्टाफ को इस महँगाई के समय में कम से कम 7500–10000 रुपया महीना वेतन दें व रोजाना का भत्ता कम

से कम 125–150 रुपये दें, ताकि वह खुशी–खुशी आपके प्रोडक्ट्स की सेल लाखों में कर सके। जो भी कम्पनियाँ अपने सेल्स स्टाफ का वेतन व भत्ता वगैरह अच्छा देती हैं, उनके सेल्स स्टाफ मेहनत से जी नहीं चुराते और कम्पनी की सेल्स को बढ़ाकर, कम्पनी को उन्नति की ओर ले जाते हैं। क्योंकि आप जितना मीठा डालेंगे, मिठाई उसी के अनुसार मीठी बनेगी और वैसे भी तेल तो तिलों में से ही निकलता है।

❖❖❖

2. नई-नई कम्पनियों का मार्केट में आना

आज हम देख रहे हैं कि कंज्यूमर प्रोडक्ट्स की बिक्री के लिए अनेकों कम्पनियाँ मार्केट में आ गई हैं व अनेकों और कम्पनियाँ आने वाले समय में आने वाली हैं। सेल्स स्टाफ का जब कोई आदमी रिटेलर्स के पास जाता है, तो उनमें से कुछ रिटेलर्स का कहना होता है कि हम किस–किस कम्पनी का माल बेचें। हमारी दुकान में तो माल रखने की जगह ही नहीं है। मेरी राय में मार्केट में नई–नई कम्पनियों का आना एक अच्छी बात है। करीब 15–20 साल पहले भारत में गिनी–चुनी कम्पनियाँ होती थीं, जिनका माल पूरे हिन्दुस्तान में बिकता था, बाजार में उनका वर्चस्व था। जो भी वे प्रोडक्ट का भाव रखते थे, कंज्यूमर को लेना पड़ता था। चूँकि कम्पनियाँ थोड़ी थीं, इसलिए मनमाने ढंग से जनता को माल बेच रही थीं। मगर आज मार्केट में एक ही प्रोडक्ट की अनेकों कम्पनियाँ आ गई हैं। आपस में जबरदस्त कम्पीटीशन हो गया है। कल तक जो एक बड़ी कम्पनी 100 रुपये में एक किलो क्रीम का बिस्कुट बेच रही थी, आज वही कम्पनी, वही क्रीम का बिस्कुट मात्र 60 रुपये किलो में बेच रही है। भाव कहाँ से कहाँ आ गये? कल तक कुछ लखपति व करोड़पति कम्पनियाँ थीं, आज अनेकों लखपति व करोड़पति कम्पनियाँ हो गई हैं, जिनकी गिनती नहीं की जा सकती। ज्यादा कम्पनियों के आ जाने के कारण भाव तो सस्ते हुए ही हैं, लाखों लोगों को इन नई कम्पनियों में रोजगार भी मिला है, जो अपने आप में अच्छी बात है।

❖❖❖

3. मार्केटिंग कम्पनियाँ

जो भी उत्पादनकर्ता अपने प्रोडक्ट को हिन्दुस्तान के ज्यादातर राज्यों में बेचना चाहता है, उसके बेचने के दो तरीके हैं:–

(1) अपनी ही कम्पनी की सेल्स टीम बनाकर, जिसमें रीजनल सेल्स मैनेजर से लेकर सेल्स रिप्रजेण्टेटिव तक होते हैं। ऐसे हालात में उन्हें कुछ राज्यों में अपने सेल्स ऑफिस खोलने पड़ते हैं, जिसका सारा खर्चा कम्पनी को करना पडता है।

(2) अपने प्रोडक्ट की बिक्री किसी मार्केटिंग कम्पनी द्वारा करवाएँ।

पहले तरीके द्वारा चूँकि उन्हें अपना ऑफिस व ऑफिस के तमाम खर्चे, सेल्स स्टाफ के खर्चे व व्यापार की सारी गतिविधियों पर कण्ट्रोल स्वयं को करना होता है, ऐसे हालात में उन्हें सेल्स स्टाफ व ऑफिस पर निर्भर रहना पड़ता है। ऐसे तरीके में खर्चा ज्यादा आता है।

दूसरे तरीके द्वारा, उत्पादनकर्ता अगर स्वयं माल नहीं बेच सकता, तो उसे किसी मार्केटिंग कम्पनी का सहयोग लेना पड़ता है। ऐसी कम्पनियों का अपना स्वयं का आफिस, सेल्स स्टाफ वगैरह होता है। मार्केटिंग कम्पनियाँ ''कमीशन के आधार पर'' उत्पादनकर्ता का माल मार्केट में बिकवाती हैं। मार्केटिंग कम्पनियों का उत्पादनकर्ता के साथ एक लिखित एग्रीमेंट होता है, जिसमें सारे नियम व शर्तें, जो दोनों के बीच में तय होती हैं, लिखी जाती हैं। ऐसे हालात में उत्पादनकर्ता को अपना माल मार्केट में बेचने में आसानी हो जाती है। अतः उत्पादनकर्ता दोनों तरीकों में से कोई एक आसान तरीका चुन सकता है। दूसरे तरीके से माल बेचने में आमतौर पर ज्यादातर

कम्पनियाँ मार्केटिंग कम्पनी को अपने माल की बिक्री का जिम्मा देकर स्वयं आगे किसी भी प्रकार का सहयोग जैसे– स्कीमें व विज्ञापन का सहयोग नहीं देतीं। जिसके कारण मार्केटिंग कम्पनियाँ, माल ज्यादा नहीं बेच पातीं।

अतः उत्पादनकर्ता को चाहिए कि मार्केटिंग कम्पनी को हर प्रकार का सहयोग दें ताकि वह माल ज्यादा से ज्यादा बेच सके।

❖❖❖

4. फ्री सेम्पलिंग

उत्पादनकर्ता द्वारा अपने प्रोडक्ट की फ्री सेम्पलिंग दो प्रकार से करनी चाहिए:

(1) अपने प्रोडक्ट का छोटा पैकिंग या पाउच पैकिंग में बनवाकर, कंज्यूमर में बँटवाना चाहिए, ताकि प्रोडक्ट की क्वालिटी व प्रोडक्ट के नाम के बारे में उसे पता चल सके। इस तरह फ्री सेम्पलिंग का कितना महत्त्व है, आप इसी बात से अन्दाजा लगा सकते हैं:

कुछ बड़ी कम्पनियाँ, जिनके प्रोडक्ट्स मार्केट में चलते हुए 10–20 साल हो गये, मगर आज भी वे अपने प्रोडक्ट्स की फ्री सेम्पलिंग कराना नहीं भूलते ताकि जो लोग उस प्रोडक्ट्स को इस्तेमाल कर रहे हैं, उस प्रोडक्ट को भूलें नहीं और जिन लोगों ने उस प्रोडक्ट का अभी तक इस्तेमाल नहीं किया है, वे फ्री में मिले सेम्पल का इस्तेमाल करें और अगर उन्हें यह प्रोडक्ट पसंद आ जाता है, तो वे उसका इस्तेमाल करना शुरू कर दें।

(2) जो भी उत्पादनकर्ता मार्केट में पहली बार अपना प्रोडक्ट देने जा रहे हैं, अगर वे अपने प्रोडक्ट का एक–एक पीस, जिसकी कीमत कम से कम 10–15 रुपये के बीच में हो, प्रोडक्ट के लांचिंग के समय, प्रत्येक रिटेलर्स को यह कह कर दें कि वे उनके प्रोडक्ट को स्वयं इस्तेमाल करके देख लें कि उसकी क्वालिटी कैसी है। ऐसा करने से रिटेलर्स पर एक अच्छा प्रभाव पड़ेगा कि प्रोडक्ट में दम है, तभी कम्पनी फ्री सेम्पलिंग करा रही है। इस प्रकार वह उस प्रोडक्ट को बेचने में ज्यादा रुचि लेगा।

रिटेलर्स को फ्री सेम्पलिंग करते समय सेल्स स्टाफ इस बात पर ध्यान दें कि साथ के साथ उस प्रोडक्ट का उसी समय एक छोटा–सा आर्डर भी ले लें।

मेरा ऐसा मानना है कि ऐसा करने से निश्चय ही कम से कम 75 प्रतिशत रिटेलर्स से उसी समय आर्डर बुक किया जा सकता है।

जो रिटेलर्स उसी समय किसी कारणवश आर्डर नही देते हैं, सेल्स स्टाफ के पास अगली विजिट में ऐसे रिटेलर्स से अपने प्रोडक्ट के बारे में बात करने का एक बहाना रहेगा कि जो फ्री सेम्पल उन्होंने उसे पिछली बार दिया था, उन्हें इस्तेमाल करने में कैसा लगा।

❖❖❖

5. लोहे के चने चबाना

आज के इस कम्पीटीशन के दौर में उत्पादनकर्ता, मार्केटिंग कम्पनी, डिस्ट्रीब्यूटर, रिटेलर्स, कम्पनियों के एस.आर से लेकर आर.एस.एम. तक समस्त सेल्स स्टाफ, इस गलतफहमी में न रहें कि वे किसी भी कंज्यूमर प्रोडक्ट को मार्केट में आसानी से बेच सकते हैं व ग्राहक हमेशा उनके प्रोडक्ट को खरीदता रहेगा। जब तकः–

1. प्रोडक्ट का ''ब्रांड नेम'' उच्चारण में ऐसा नहीं होगा, जो लोगों की जुबान पर आसानी से चढ़ जाये।
2. प्रोडक्ट की पैकिंग, प्रिंटिंग व प्रोडक्ट सम्बन्धी जानकारी, खूबसूरत व प्रभावशाली शब्दों में नहीं होगी, तो बात नहीं बनेगी।
3. प्रोडक्ट की क्वालिटी, सुपर क्वालिटी नहीं होगी, तो ग्राहक एक बार खरीदने के बाद, दुबारा नहीं खरीदेगा।
4. नई कम्पनियाँ, अपने प्रोडक्ट का रिटेल भाव, बाजार में चलने वाले ब्रांडेड नेम के प्रोडक्ट से कम नहीं रखेंगे, तो ग्राहक माल नहीं खरीदेगा।
5. कम्पनियाँ अपने प्रोडक्ट की कंज्यूमर डिमांड बनवाने के लिए लगातार विज्ञापन का सहारा नही लेंगी, तो मार्केट में माल बेचना इतना आसान नहीं होगा।
6. चूँकि आज बाजार में कंज्यूमर प्रोडक्ट बेचने के लिए अनेकों कम्पनियाँ आ गई हैं, अतः जब तक वे अपने डीलर को समुचित समय के लिए माल उधार नहीं देंगे, ज्यादा माल नहीं बेच पाएँगे।

7. जब तक कम्पनियाँ, अपने डीलर, रिटेलर व ग्राहक को उचित स्कीमें नहीं देंगे, कम्पनियाँ ज्यादा माल नहीं बेच पाएँगी।

अतः एरिया सेल्स मैनेजर से लेकर सेल्स रिप्रजेण्टेटिव तक, इस गलतफहमी में न रहें कि रिटेलर्स को माल बेचना उनके बायें हाथ का खेल है। सेल्स स्टाफ अपनी सेल्समैनशिप के दम पर एक बार तो रिटेलर्स को माल बेच सकता है, मगर जरूरी नहीं कि प्रत्येक रिटेलर उसके ही माल को हमेशा बेचे। क्योंकि उन्हीं की जैसी और कम्पनियाँ भी उनको माल बेचने के लिए आती हैं। अतः अगर उत्पादनकर्ता, उपर्युक्त बातों को नहीं अपनाता है, तो उसे माल बेचने में अत्यधिक कठिनाई का सामना करना पड़ सकता है। वे अपना ज्यादा सफर तय नहीं कर पाएँगी व सेल्स स्टाफ की नौकरियाँ भी सुरक्षित नहीं रहेंगी।

इस कारण मेरा मानना है कि इस कम्पीटीशन के समय में कम्पनियों द्वारा व सेल्स स्टाफ द्वारा अपने माल को आसानी से बेचना ''लोहे के चने चबाने'' के समान है।

❖❖❖

6. मोबाइल वैन द्वारा प्रचार

किसी भी प्रोडक्ट की बिक्री में विज्ञापन का जबरदस्त महत्त्व होता है। आज टी. वी. के मुख्य चैनलों पर किसी भी प्रोडक्ट का विज्ञापन आता है, तो दूसरे दिन ही मार्केट में उस प्रोडक्ट की कंज्यूमर्स डिमांड शुरू हो जाती है। विज्ञापन के अनेकों माध्यम हैं। हर कम्पनी अपने बजट व विवेक के अनुसार विज्ञापन पर पैसा खर्च करती है। मुख्यतया विज्ञापन के निम्नलिखित साधन हैं– बालपेन, की चैन्स, पैम्पलेट्स, पोस्टर्स, स्टेपनी कवर्स, स्टिकर्स, अखबार, पत्रिका, छोटे–बड़े विभिन्न प्रकार के बोर्ड, वाल पेण्टिंग, सिनेमा स्लाइड, सिटी केबल व अन्त में टी.वी. के मुख्य चैनलों द्वारा।

उत्पादनकर्ता इनमें से कोई भी विज्ञापन का तरीका अपने बजट के अनुसार चुनता है। बड़ी कम्पनियाँ विज्ञापन पर खर्च करने के लिए एक फिक्स बजट तय कर लेती हैं। किसी भी कंज्यूमर प्रोडक्ट की मार्केट में डिमांड बनाने के लिए विज्ञापन कराना बहुत जरूरी है। विज्ञापन का विषय फाइनल करते समय, उत्पादनकर्ता इस बात का विशेष ध्यान रखे कि प्रोडक्ट के बारे में जो भी बात कहनी है, कम से कम व प्रभावशाली शब्दों में कहे। विज्ञापन का मुख्य उद्देश्य है, प्रोडक्ट के ब्रांड नेम को कंज्यूमर के दिमाग में बसाना।

आज विज्ञापन का असर एक आम जनता में कितना है, इसका अनुमान आप इस बात से बखूबी लगा सकते हैं कि बड़ी–बड़ी कम्पनियों के प्रोडक्ट्स के खाली पाउच, सडक के किनारे बसने वाले झोपड़पट्टी के बाहर पड़े देखे जा सकते हैं, जो कि इनका इस्तेमाल करते हैं।

आज के समय में मोबाइल कम्पनियाँ, मोटर साइकिल व टी.वी. कम्पनियाँ विज्ञापन का एक अच्छा साधन अपना रही हैं। यह कम्पनियाँ मोबाइल वैन इस तरह से बनवाती हैं, जिससे उनका प्रोडक्ट आसानी से एक आम आदमी देख सकता है। यह कम्पनियाँ अपनी मोबाइल वैन में अपना प्रोडक्ट डिस्प्ले करके शहरों में ले जाती हैं। यह वैन ऐसी जगह खड़े कर दिये जाते हैं, जहाँ पर ज्यादा से ज्यादा लोग उनके प्रोडक्ट को देख सकें। कम्पनी का स्टाफ जोकि इस वैन के साथ होते हैं, अपनी कम्पनी के प्रोडक्ट के बारे में विस्तार से उन लोगों को बताते हैं, जो इनके प्रोडक्ट में रुचि दिखाते हैं। प्रोडक्ट के बारे में जो भी लिटरेचर होता है, वह भी उन लोगों को दिया जाता है।

मगर फिलहाल अभी नाम मात्र की ही कम्पनियाँ इस प्रकार से अपने प्रोडक्ट का विज्ञापन कर रही हैं और अभी और कम्पनियों का इस प्रकार से विज्ञापन कराने में आना बाकी है। इस प्रकार से प्रोडक्ट का प्रचार करना ज्यादा अच्छा है, क्योंकि आम उपभोक्ता उस प्रोडक्ट को हर प्रकार की जानकारी प्राप्त करके खरीदने में रुचि ले सकता है।

इसी तरह अगर कंज्यूमर प्रोडक्ट्स की कम्पनियाँ शहरों के अलावा आस–पास के कस्बों व गाँवों में भी जाएँ, तो कम्पनियों को अच्छा रेस्पोंस मिल सकता है।

❖❖❖

7. डिस्प्ले

रिटेलर्स की दुकानों में एक ही प्रोडक्ट के अनेकों कम्पनियों के प्रोडक्ट्स जहाँ–तहाँ रखे होते हैं, जिन पर ग्राहकों की नजर एकाएक नहीं जाती।

किसी भी कम्पनी के प्रोडक्ट पर ग्राहक की नजर तुरन्त पड़ जाए, इसके लिए कम्पनियाँ, शहर के चुनिंदा रिटेलर्स की दुकानों में अपने प्रोडक्ट्स का डिस्प्ले करती हैं, ताकि पूरी दुकान में उनका प्रोडक्ट अलग से नजर आये। कम्पनियाँ रिटेलर्स की दुकान में प्रोडक्ट को डिस्प्ले करने के लिए कुछ समय की अवधि के लिए ऐसी जगह का चुनाव करती हैं, जिससे जैसे ही ग्राहक दुकान में प्रवेश करे, उसकी नजर तुरन्त उस प्रोडक्ट पर पड़े। उस विशेष जगह में केवल उन्हीं की कम्पनी के प्रोडक्ट्स होते हैं। इन जगहों का कम्पनियाँ किराया देती हैं, जोकि बहुत ही कम होता है, मात्र 300–400 रुपया महीना।

एक और तरीका है, माल को डिस्प्ले करने का। दुकान के सबसे अगले हिस्से में प्रोडक्ट काफी मात्रा में रख देते हैं, ताकि ग्राहक की नजर तुरन्त उस पर जाए व दुकान के आगे से जो लोग निकल रहे हैं, उनकी नजर भी उन पर जरूर पड़े।

डिस्प्ले करने के लिए कम्पनियों को ज्यादा खर्चा नहीं करना पड़ता। बहुत थोड़े से रुपयों में ही विशेष जगह ली जा सकती है। प्रचार का यह एक सस्ता व बढ़िया तरीका है।

इसी प्रकार प्रोडक्ट्स का डिस्प्ले, शहरों में होने वाली प्रदर्शनियों व मेलों आदि में भी किया जाता है। कम्पनी के प्रोडक्ट्स के लिए प्रदर्शनी स्थल पर स्टालें ली जाती हैं, जिनका किराया वगैरह देना होता है। कम्पनी का स्टाफ इन स्टालों पर

आने वाले दर्शकों को अपने प्रोडक्ट्स के बारे में जानकारी देता है। यहाँ पर कम्पनी द्वारा फ्री सेम्पल भी बँटवाए जाते हैं, ताकि लोगों को उनके प्रोडक्ट्स की क्वालिटी के बारे में पता चल सके।

डिस्प्ले करने का एक और तरीका, शहरों के मुख्य बाजारों में स्थित विशेष रूप से चुनी गई दुकानों के बाहर, छोटे रूप में काउण्टर लगाया जाता है। दुकान के आगे से निकलने वाले ग्राहकों को व जो लोग दुकान में आ–जा रहे हैं, उन्हें प्रोडक्ट के बारे में जानकारी दी जाती है व छोटे–छोटे सेम्पल भी बाँटे जाते हैं। इसका खर्चा कम्पनी को करना होता है।

❖❖❖

8. प्रोडक्ट क्यों फेल हुआ?

छोटी व नई कम्पनियाँ, जो किसी न किसी तरह माल का उत्पादन तो कर लेती हैं, मगर उसको बेचने में व्यापार के सही मायने को समझने में उनसे भूल हो जाती है। उनका प्रोडक्ट तो फेल होता ही है, कम्पनियाँ खुद भी मार्केट से गायब हो जाती हैं।

जब कभी सेल्स का कोई मेहनती ईमानदार और तजुर्बेकार सेल्स मैनेजर उन्हें मिलता है, जो कुछ ही समय में उनके प्रोडक्ट की सेल ''जीरो से लाखों'' रुपये तक पहुँचा देता है, तो कम्पनी अन्दर ही अन्दर प्रसन्न होती है कि कहाँ हम एक ही राज्य में जैसे–तैसे करके माल बेच रहे थे और आज उनका प्रोडक्ट अन्य राज्यों में भी बिक रहा है।

सेल्स मैनेजर के कठिन परिश्रम से उनके प्रोडक्ट की कंज्यूमर डिमांड बन जाती है। मगर कम्पनी की नासमझी व कुछ स्वार्थी लोगों के बहकावे में आकर, कम्पनी, सेल्स मैनेजर से सम्बन्ध खत्म कर लेती है। कम्पनी यह भूल जाती है कि उनके प्रोडक्ट को कोई जानता तक न था, उसके सेल्स मैनेजर ने, न दिन देखा न रात, न भूख देखी न प्यास, एक किसान की तरह अच्छी जमीन देखी, स्वयं खुदाई की, जमीन को समतल किया, उपजाऊ मिट्टी बिछाई, पानी दिया, अच्छे बीज दिये, फिर छोटी–छोटी पत्तियाँ आईं, रंग–बिरंगे फूल आये और फिर बड़ी मुश्किल से मीठे फल आये। जब सेल्स मैनेजर और कम्पनी को मीठे फल खाने का समय आया, तो कम्पनी कुछ स्वार्थी लोगों के बहकावे में आकर, अपने उस सेल्स मैनेजर से सम्बन्ध बिगाड़ बैठी। नतीजा क्या हुआ, चूँकि वे लोग मात्र स्वार्थी और बेईमान थे, देखते ही देखते, प्रोडक्ट तो मार्केट में फेल हुआ ही, कम्पनी उन राज्यों से भी गायब हो गई।

सेल्स मैनेजर ने उनके प्रोडक्ट के लिए तीन राज्यों में काम किया था। उन्हीं दिनों, उसी तरह का एक और प्रतिस्पर्द्धी ब्रांड जिसका कि मार्केट में नाम था, सेल्स मैनेजर उस प्रोडक्ट के बारे में मार्केट में कहता था कि उक्त प्रतिस्पर्द्धी ब्रांड ''हिन्दुस्तान का बादशाह'' नहीं है।

मेरा ऐसा मानना है कि अब भी अगर वह कम्पनी उस सेल्स मैनेजर से सम्पर्क करे, तो वह पहले से भी ज्यादा उन राज्यों में सेल्स दे सकता है व आज भी उस प्रतिस्पर्द्धी ब्रांड को टक्कर देकर, सेल्स को दुबारा पहले नम्बर पर ला सकता है और कम्पनी भी अपनी खोई हुई प्रतिष्ठा को दुबारा प्राप्त कर सकती है।

(यह लेख सच्ची घटना पर आधारित है)

❖❖❖

9. स्कीमें

कम्पनियाँ मार्केट में रिटेलर्स व कंज्यूमर को माल बेचने के लिए स्कीमों का सहारा लेती हैं, यह एक प्रचलन हो गया है। रिटेलर्स को माल बेचने जाएँ या जब कोई भी कंज्यूमर प्रोडक्ट खरीदता है, दोनों ही पूछते हैं, इसके साथ फ्री क्या है? यह स्कीमें भी कई प्रकार की होती हैं।

रिटेलर्स को जो स्कीमें दी जाती है, वे इस प्रकार हैं:

1. रिटेलर्स को दिये जाने वाले माल के साथ कुछ प्रतिशत का माल अलग से देना, जैसे 12 पीस खरीदने पर 1 पीस फ्री।
2. कुछ कम्पनियाँ ज्यादा माल खरीदने पर कोई गिफ्ट देती हैं।
3. कुछ कम्पनियाँ कुछ समय के लिए जैसे तिमाही, छमाही या सालाना अवधि के लिए माल खरीदने का एक फिक्स टारगेट देकर, रिटेलर्स को बाँध देती हैं। ऐसी स्कीमों की गिफ्ट बड़ी होती है, जो कि सेल्स के हिसाब से होती है।
4. कंज्यूमर्स को आकर्षित करने के लिए, कम्पनियाँ अपने प्रोडक्ट की मात्रा के साथ कुछ मात्रा फ्री में देती हैं, जैसे 500 ग्राम की पैकिंग के साथ 100 ग्राम फ्री। कुछ कम्पनियाँ अपने प्रोडक्ट के साथ ही छोटी आइटम फ्री गिफ्ट के रूप में देती हैं।

हिन्दुस्तान की कुछ कम्पनियाँ, जो भी स्कीमें या गिफ्ट अपने रिटेलर्स व कंज्यूमर्स को देती हैं, आमतौर पर उनकी क्वालिटी अच्छी होती है। जबकि बी क्लास कम्पनियाँ, जो भी स्कीमें अपने रिटेलर्स व कंज्यूमर्स को देती हैं, वह क्वालिटी में ज्यादा अच्छी नहीं होतीं।

आमतौर पर बड़ी कम्पनियाँ इस बात को अच्छी तरह समझती हैं व यथासम्भव अच्छी स्कीमें मार्केट में देती रहती हैं। मगर छोटी कम्पनियाँ इस मामले में ज्यादा ध्यान नहीं देतीं। अतः ऐसी कम्पनियों व उनके सेल्स स्टाफ को सलाह दी जाती है कि मार्केट में जाने से पहले कम्पनी से अपने प्रोडक्ट पर स्कीम फाइनल कर लें, क्योंकि मार्केट में कम्पीटीशन जबरदस्त है।

❖❖❖

10. नया माल-एडवांस डिमांड ड्राफ्ट पर

मैं उन नई–नई कम्पनियों की बात कर रहा हूँ, जो अभी–अभी मार्केट में अपने प्रोडक्ट को लाई हैं। उनकी सोच होती है कि चूँकि हम अच्छी पैकिंग, क्वालिटी, ज्यादा कमीशन, विज्ञापन व मार्केटिंग सेवाएँ दे रहे हैं। इस कारण सुपर स्टाकिस्ट या स्टाकिस्ट उन्हें, माल का पेमेण्ट एडवांस में दें।

ऐसा वे कम्पनियाँ सोचती हैं, जो इस समय मार्केट में चल रहे कम्पीटीशन को ''उस कबूतर की तरह देखती हैं, जब किसी बिल्ली द्वारा उस पर झपट्टा मारा जाता है तो कबूतर इस कारण आँख बंद कर लेता है कि बिल्ली है ही नहीं।'' ऐसी सोच नई कम्पनियों के मालिक या उच्च ऑफिसर रखते हैं, जो एयरकंडीशन आफिस में बैठकर व्यापार की योजना बनाते हैं। ये लोग मार्केट में चल रही प्रतिस्पर्धा को जानते तो हैं, मगर समझना नहीं चाहते। डिस्ट्रीब्यूटर चाहते हैं कि उन्हें माल उधार में मिले, क्योंकि उन्हें रिटेलर्स को माल उधार में देना पड़ता है। तो क्या डिस्ट्रीब्यूटर ना समझ है, जो कम्पनी को माल का एडवांस में डी.डी. दे और डिस्ट्रीब्यूटर स्वयं या उसका आदमी शाम को रोजाना रिटेलर्स के आगे पेमेण्ट के लिए खड़ा रहे।

मजे की एक बात और देखी गई है कि कम्पनी का मालिक व उसका मार्केटिंग मैनेजर स्वयं तो मार्केट में उधार माल नये डिस्ट्रीब्यूटरों को देते हैं मगर अपने सेल्स स्टाफ से यह उम्मीद रखते हैं कि वे एडवांस में लेकर नये डिस्ट्रीब्यूटर बनाएँ। उन्हें माना तो तब जाये जब वह स्वयं डिस्ट्रीब्यूटरों से एडवांस डी.डी. लें। अतः समस्त नई कम्पनियों से आग्रह है कि मार्केट में शुरू–शुरू में अपने पैर जमाने के लिए माल उधार दें, अन्यथा व्यापार में सफल होने की उम्मीद कम रखें।

❖❖❖

11. अन्दरूनी इलाकों में बिक्री

कम्पनियों द्वारा आम तौर पर स्टॉकिस्ट शहरों व बड़े कस्बो में बनाए जाते हैं। यह शायद इस वजह से क्योंकि शहरों में माल ज्यादा बिकता है। मगर कंज्यूमर प्रोडक्ट्स की खपत छोटे–छोटे कस्बों और गाँवों में भी होती है। इसलिए किसी भी शहर में स्टॉकिस्ट बनाते समय इस बात का भी ध्यान रखें कि क्या वह स्टॉकिस्ट आस–पास के कस्बों, गाँवों में माल बेचने जाता भी है या नहीं। जो डिस्ट्रीब्यूटर आस–पास के एरिया में सेल करते हैं, उनका बिक्री कार्यक्रम पहले से ही सैट होता है। अतः ऐसी पार्टियों को अपने प्रोडक्ट्स के लिए स्टॉकिस्ट बनाना, कम्पनी के हित में रहता है। ऐसे स्टॉकिस्ट बाहर के एरिया में माल सप्लाई करने के लिए कम्पनियों से अलग से कुछ खर्चा लेते हैं। स्टॉकिस्ट बाहर के एरिया में माल दो प्रकार से सप्लाई करते हैं:

1. पहले वे वहाँ जाकर आर्डर बुक करते हैं। दूसरे दिन वे माल सप्लाई करते हैं, फिर उसके बाद, समय पर पेमेण्ट लेते हैं।
2. पहली बार में ही वे अपने साथ माल भरकर ले जाते हैं। आर्डर बुकिंग के साथ–साथ सप्लाई भी करते जाते हैं व पिछला पेमेण्ट भी ले लेते हैं।

दोनों तरीकों में से दूसरा तरीका सही रहता है, क्योंकि माल साथ में होने से ज्यादा बिकता है।

कम्पनी अपने सेल्स स्टाफ को बाहर के क्षेत्रों में माल बेचने के लिए डिस्ट्रीब्यूटर के साथ भेजती है, ताकि ज्यादा से ज्यादा माल बेचा जा सके। आम तौर पर बड़ी कम्पनियों के सेल्स स्टाफ गाँवों व छोटे–छोटे कस्बों में नहीं जाते।

क्योंकि उनका माल गाँव व कस्बे के दुकानदार, शहर के डिस्ट्रीब्यूटर या थोक विक्रेता से ले जाते हैं।

अतः नई कम्पनियों व छोटी कम्पनियों को सलाह दी जाती है कि वे अपने सेल्स स्टॉफ को गाँवों व कस्बों में भेजें। यहाँ के दुकानदार सेल्स स्टॉफ के साथ इज्जत के साथ पेश आते हैं व थोड़ा–सा भी जोर देने पर वे माल लेने को तैयार हो जाते हैं। कम्पनियों को चाहिए, जो स्कीमें व गिफ्टें वगैरह शहर में रिटेलर्स को देते हैं, वे कस्बों के दुकानदारों को भी दें, तो अच्छी सेल्स मिलेगी।

❖❖❖

12. जिंगल का चमत्कार

वैसे तो कोई भी कंज्यूमर प्रोडक्ट अपनी खूबसूरत पैकिंग, क्वालिटी व उचित दाम की वजह से बिकता है। मगर उसकी बिक्री में जिंगल (Jingal) का महत्त्वपूर्ण योगदान होता है। प्रचार के लिए जिंगल के शब्द व ट्यून इस प्रकार से होने चाहिए कि अगर कोई व्यक्ति उसे 2–4 बार सुन ले या पढ़ ले, तो वह स्वयं उस जिंगल को गुनगुनाने लगे। मिसाल के तौर पर :–

1. दूध सी सफेदी – निरमा से आये
2. चार बूँदों वाला – उजाला सुप्रीम
3. पहले इस्तेमाल करें, फिर विश्वास करें – घड़ी डिटरजैंट पाउडर

इन उपर्युक्त प्रोडक्ट्स की रिकार्ड पूर्ण बिक्री में जिंगल का महत्त्वपूर्ण योगदान है। मगर कई कम्पनियाँ कुछ नयेपन के चक्कर में अपने उन प्रचार के पुराने जिंगल को भूल जाती हैं, जिसका रिजल्ट उन्हें, उसके कम बिक्री होने पर उठाना पड़ता है। आज भी 'निरमा कम्पनी' व 'घडी डिटरजैंट पाउडर' कम्पनी ने अपने जिंगल को बदला नहीं है और बिक्री में कोई कमी नहीं है।

अतः समस्त उत्पादनकर्ता कम्पनियों को सलाह दी जाती है कि जिंगल के चयन का फाइनल करते समय शब्दों का चयन व ट्यून इस प्रकार से बनवाएँ कि पहली ही बार में, देखने व सुनने से एक आम आदमी उसे गुनगनाने को मजबूर हो जाये और जिंगल के बजते व पढ़ते ही प्रोडक्ट का नाम उसके दिलों–दिमाग पर छा जाये तथा वे प्रोडक्ट को खरीदने पर मजबूर हो जायें। मेरा दृढ़ विश्वास है कि निश्चय ही उनके प्रोडक्ट की सेल दिन–प्रतिदिन बढ़ती ही जाएगी।

❖❖❖

13. सही नाम-आकर्षक पैकिंग क्वालिटी प्रोडक्ट

1. सही नाम

आमतौर पर देखा गया है कि उत्पादनकर्ता अपने प्रोडक्ट का नाम सही नहीं रखते। ऐसे–ऐसे नाम रख दिए जाते हैं कि कंज्यूमर की जुबान पर नहीं चढ़ते। देखा तो यहाँ तक गया है कि बार–बार टी.वी. पर देखने के बावजूद भी प्रोडक्ट का नाम आम आदमी की जुबान पर नहीं आ पाता। इस कारण उत्पादनकर्ता को चाहिए कि वे अपने प्रोडक्ट का नाम इस प्रकार रखें कि हर किसी की जुबान पर तुरन्त आ जाये।

2. आकर्षक पैकिंग

प्रायः देखा गया है कि प्रोडक्ट की पैकिंग आकर्षक नहीं होती, जिसके कारण ग्राहक उस प्रोडक्ट को नहीं खरीदता। किसी प्रोडक्ट की पैकिंग फाइनल करते समय बाजार में बिकने वाले उसी प्रकार के प्रोडक्ट के सारे पैकिंग बाजार से मँगवा लें और जो आपको व आपके नजदीकी लोगों को सबसे ज्यादा अच्छा लगे, आप उससे भी अच्छे डिजाइन का पैकिंग बनवाएँ। उत्पादनकर्ता इस बात को हमेशा ध्यान रखें कि किसी भी प्रोडक्ट की बिक्री में पैकिंग का खूबसूरत डिजाइन होना ज्यादा मायने रखती है।

3. खुदरा मूल्य

किसी भी प्रोडक्ट का खुदरा मूल्य फाइनल करते समय इस बात का ध्यान रखें कि बाजार में बिकने वाले उसी प्रकार के प्रोडक्ट के, जिसके खुदरा मूल्य सबसे ज्यादा हों, आप भी वही रखें, मगर साथ में कुछ न कुछ एक्स्ट्रा गिफ्ट

या स्कीमें जरूर दें, वही खुदरा मूल्य रखने से ही आप सुपर स्टाकिस्ट, स्टाकिस्ट, रिटेलर्स को ज्यादा मार्जिन दें पाएँगे, इससे सब आपका माल बेचने में ज्यादा रुचि लेगें।

4. क्वालिटी

अब मैं जिक्र करूँगा क्वालिटी के बारे में। इस बात का ध्यान रखें कि डिस्ट्रीब्यूटर व आपका सेल्स स्टाफ एक बार तो मार्केट में माल बेच सकते हैं, उसके बाद तो प्रोडक्ट, क्वालिटी के दम पर बिकेगा। अगर क्वालिटी में दम होगा, तभी ग्राहक आपके प्रोडक्ट को बार–बार खरीदेगा अन्यथा एक बार खरीदने के बाद खुद तो खरीदेगा नहीं और साथ में अपने पहचान के लोगों को भी आपका प्रोडक्ट खरीदने से मना करेगा।

इस बात का ध्यान रखें कि ग्राहक ही आपके अच्छे प्रोडक्ट का अपनी पहचान के लोगों में मुफ्त में विज्ञापन करता है।

❖❖❖

14. समझदार उत्पादनकर्ता

समय जबरदस्त कम्पीटीशन का है। कई बार उपभोक्ता को एक ही कंज्यूमर प्रोडक्ट को इस्तेमाल करते–करते उसमें अरुचि हो जाती है, उन्हें नयापन चाहिए। जिसके कारण वे उस प्रोडक्ट का इस्तेमाल बन्द करके, किसी दूसरी कम्पनी का प्रोडक्ट इस्तेमाल कर लेता है। लोग उस प्रोडक्ट को बदल न दें, इस बात को ध्यान में रखकर, भारत की एक बड़ी टूथपेस्ट कम्पनी, एक टॉयलेट सोप कम्पनी व एक शैम्पू कम्पनी ने उसी नाम से, अलग–अलग सात–आठ वैराइटियों में अपने–अपने प्रोडक्ट निकाले हैं ताकि उनके हमेशा के ग्राहक, दूसरी किसी कम्पनी के प्रोडक्ट को खरीदना न शुरू कर दें। ऐसी कम्पनियाँ, ग्राहक की नब्ज को पहचानती हैं।

भारत की एक अन्य टूथपेस्ट कम्पनी अपना प्रोडक्ट मार्केट में बेच रही है व एक आम उपभोक्ता थोड़ा–बहुत उस ब्रांड नेम को जानने भी लगा है। इसी टूथपेस्ट कम्पनी ने अभी हाल ही में एक टॉयलेट सोप भी निकाला है, मगर एक अलग ब्रांड नाम से। हालाँकि इस साबुन का विज्ञापन विभिन्न चैनलों पर किया जा रहा है, माल बाजार के ज्यादातर दुकानों में भी है। टी.वी. चैनल पर एक प्रसिद्ध अभिनेत्री द्वारा विज्ञापन भी कराया जा रहा है। हालाँकि टूथपेस्ट के ब्रांड नेम को लोग जानने लगे हैं, इसी कम्पनी का होने के बावजूद भी टॉयलेट सोप को ग्राहक जल्दी हाथ नहीं लगा रहे। मार्केटिंग के समय सेल्स स्टाफ के द्वारा प्रत्येक रिटेलर्स को शायद यह समझाना पड़ता होगा कि वह उसी टूथपेस्ट कम्पनी का ही प्रोडक्ट है। सेल्स स्टाफ मार्केट में केवल रिटेलर्स को ही समझा सकता है, प्रत्येक कंज्यूमर को तो नहीं समझा सकता।

अतः लेखक की राय है कि अगर उक्त कम्पनी टॉयलेट सोप का ब्रांड नेम भी वही रखती, जो टूथपेस्ट का ब्रांड नेम है, तो ऐसा करने से एक आम उपभोक्ता इस टॉयलेट सोप को तुरन्त खरीद लेता।

जो नये उत्पादनकर्ता कम्पनियाँ अपने एक प्रोडक्ट को जिस ब्रांड नेम से बेच रही हैं व जिसकी पहचान बनाने में उन्हें वर्षों लग गये व काफी रुपया भी खर्चा हो गया, जब भी दूसरा व तीसरा प्रोडक्ट निकालें, उसी पहले वाले ब्रांड नेम से निकालें, बिक्री में आसानी होगी।

❖❖❖

15. प्रोडक्ट की डिमांड कैसे बने?

इस कम्पीटीशन के समय में, जिनके प्रोडक्ट्स का विज्ञापन का बजट ही लाखों और करोड़ों रुपयों में होता है, उनके प्रोडक्ट का विज्ञापन किसी न किसी टी.वी. चैनल पर चल रहा होता है। ऐसी बड़ी कम्पनियों को छोड़कर, जब छोटी–छोटी कम्पनियाँ अपने प्रोडक्ट लेकर मार्केट में जाती हैं, डिस्ट्रीब्यूटर, रिटेलर व ग्राहक इतनी जल्दी उनके प्रोडक्ट को खरीदने में रुचि नहीं दिखाते। तो क्या माल न बिकने के कारण, कम्पनियाँ बन्द हो जानी चाहिए? नहीं।

अगर नई–नई कम्पनियाँ, निम्नलिखित बातों पर ध्यान दें, तो मैं अपने अनुभव के आधार पर कह सकता हूँ कि उनके नये प्रोडक्ट की कंज्यूमर डिमांड जल्दी बन सकती है।

1. सबसे पहले प्रोडक्ट की पैकिंग व उस पर लिखा गया विषय प्रभावशाली शब्दों में होना चाहिए।
2. जो भी प्रोडक्ट मार्केट में दें, क्वालिटी प्रोडक्ट होना चाहिए। जिसे पहली बार इस्तेमाल करते ही ग्राहक अपने मन में धारण कर ले कि आगे से वह यही प्रोडक्ट खरीदेगा।
3. ग्राहक को माल बहुत ही सही मूल्य में मिलना चाहिए, अन्यथा मँहगा होने के कारण वह उसे खरीदेगा नहीं।
4. जो भी प्रोडक्ट निकालें, सेम्पल रूप में समस्त रिटेलर्स को एक बार जरूर दें, ताकि वह उसकी क्वालिटी को चैक कर सकें।

5. प्रोडक्ट के छोटे–छोटे पैक बनवा कर कंज्यूमर्स में बँटवाएँ ताकि उससे संतुष्टि पाकर वे उस प्रोडक्ट का इस्तेमाल करना शुरू कर दें।

6. छोटी–छोटी कम्पनियाँ टी.वी. चैनलों पर विज्ञापनों का खर्चा सहन नहीं कर सकतीं, इसका दूसरा रास्ता यह है कि उनके, जिस–जिस शहर में डिस्ट्रीब्यूटर हैं, समय–समय पर लोकल सिटी केबल पर प्रोडक्ट का विज्ञापन कराते रहें। ऐसे विज्ञापन कराने का खर्चा कम आता है। एक महीने का किराया छोटे शहर में एक हजार रुपये व बड़े शहर में दस हजार रुपये तक देना पड़ता है, जिसे छोटी कम्पनियाँ बर्दाश्त कर सकती हैं। कम्पनियाँ इस बात का ध्यान रखें, जिन दिनों उनके प्रोडक्ट का विज्ञापन लोकल सिटी केबल टी.वी. पर चल रहा हो, उन्हीं दिनों अपने सेल्स स्टाफ को हिदायत दें कि वे रिटेलर्स के पास जाते समय, हरेक रिटेलर्स को बताएँ कि हमारे प्रोडक्ट का विज्ञापन सिटी केबल पर आ रहा है।

7. फ्री सेम्पलिंग का चमत्कार देखिए, आज के करीब 50–60 साल पहले जब चाय हिन्दुस्तान के बाजार में बिकने के लिए आई थी, उस समय की मात्र दो बड़ी कम्पनियों ने बाजार व मोहल्लों में जा–जा कर लोगों को मुफ्त में चाय बनाकर पिलाई थी और आज सारा हिन्दुस्तान चाय पी रहा है।

8. मात्र 20–30 साल पहले 'नैस्कैफे कम्पनी' कॉफी की कंज्यूमर डिमांड बनवाने के लिए बाजारों में किसी अच्छे काउण्टर के बाहर छोटा–सा स्टाल लगाकर, मुफ्त में कॉफी पिलाते थे, ताकि उनके प्रोडक्ट की कंज्यूमर डिमांड बने और आज नैस्कैफे कॉफी को हर कोई जानता है।

9. कम्पनी प्रत्येक शहर में ऐसे डिस्ट्रीब्यूटर बनाए, जो आर्थिक रूप से सुदृढ़ हों व कम्पनी के सहयोग के पश्चात् भी मार्केट में माल बेच सकें।

10. कम्पनियाँ जो भी स्टाफ रखें, ऐसा स्टाफ रखें, जो बिजनेस के असली मतलब को जानता हो, जो मेहनती हो व ईमानदार हो। चाहें कम्पनी को उसे थोड़ा ज्यादा पैसा क्यों न देना पड़े। सेल्स लाइन में आने वाले नये–नये खिलाड़ी, जिनकी स्वयं की नौकरी तो सलामत नहीं रहती, कम्पनी के प्रोडक्ट को भी फेल करवा देते हैं।

मेरा ऐसा दृढ़ विश्वास है कि कम्पनियाँ अगर उपर्युक्त बातों पर ध्यान दें, तो निश्चय ही उनका प्रोडक्ट, जल्दी कंज्यूमर डिमांड बन सकता है।

❖❖❖

16. कम्पनियाँ, डिस्ट्रीब्यूटर से पेमेण्ट समय पर कैसे लें?

ज्यादातर कम्पनियाँ अपने डिस्ट्रीब्यूटरों को माल उधार देती हैं व एक निश्चित समय अवधि पर अपना पेमेण्ट लेती हैं। बड़ी–बड़ी कम्पनियों के प्रोडक्ट्स की पेमेण्ट को छोड़कर, नई कम्पनियों को उनके माल का पेमेण्ट जल्दी व समय अवधि पर डिस्ट्रीब्यूटर नहीं देता। ज्यादातर डिस्ट्रीब्यूटर पेमेण्ट लेट देते हैं, क्योंकि नई कम्पनियों का माल कम बिकता है। इसलिए कम्पनियों के नये–नये होने से उनको पेमेण्ट लेट देने का नाजायज फायदा उठाते हैं और नया होने के कारण, नई कम्पनियों को यह सब सहन करना पड़ता है। क्या कोई ऐसा तरीका है, जिससे ज्यादातर डिस्ट्रीब्यूटर समय अवधि पर पेमेण्ट दे दें? हाँ, एक ऐसा तरीका है, जिसे अपना कर, कम्पनियाँ, समय अवधि पर अपना पेमेण्ट ले सकती हैं।

''जैसे ही कम्पनियाँ माल डिस्ट्रीब्यूटरों को भिजवाएँ, माल मिलते ही कम्पनी तुरन्त अपने सेल्स स्टाफ द्वारा, उसका पूरा माल, रिटेलर्स को बिकवा दें। डिस्ट्रीब्यूटर के पास माल बिलकुल भी न रहने दें। ऐसा करने से डिस्ट्रीब्यूटर इस बात से निश्चिंत हो जाता है कि जब माल रिटेलर्स के पास चला ही गया है, तो रिटेलर्स से उसे पेमेण्ट देर–सवेर मिल ही जायेगी।''

इसी आधार पर डिस्ट्रीब्यूटर कम्पनी को पेमेण्ट समय अवधि पर दे देगें और अगर माल उसके गोदाम में रखा है, वह पेमेण्ट देने में आना कानी करेंगे।

❖❖❖

17. बिना खर्च किये प्रोडक्ट की कंज्यूमर डिमांड कैसे बन सकती है?

उत्पादनकर्ता अपने अनुभव के अनुसार माल का उत्पादन करता है। अच्छा पैकिंग बनवाता है, क्वालिटी अच्छी बनाता है, खुदरा मूल्य भी सही रखता है, डिस्ट्रीब्यूटरों को, थोक विक्रेता को व रिटेलर को मार्जिन भी ठीक देता है। मगर माल उस गति से नहीं बिकता, जितना की उत्पादनकर्ता उम्मीद रखता है।

आमतौर पर छोटी–छोटी कम्पनियाँ, उपर्युक्त सारी बातों पर ध्यान देती हैं, मगर विज्ञापन के लिए पैसा नहीं खर्च कर पातीं, क्योंकि वे सोचती हैं कि कमा कर विज्ञापन के लिए पैसा खर्च कर देंगे या माल ऐसे ही बिक जाएगा। नतीजा क्या होता है? न तो प्रोडक्ट की मनचाही सेल मिल पाती है और न ही प्रोडक्ट का नाम होता है।

विज्ञापनबाजी पर खर्चा बहुत आता है। आज मैं इस लेख द्वारा उन उत्पादनकर्ताओं को एक ऐसा तरीका बताने जा रहा हूँ, जिसमें उन्हें विज्ञापन के लिए पैसा भी खर्च न करना पड़े और उनके प्रोडक्ट का नाम एक आम ग्राहक को लगे कि इसका तो नाम काफी सुना हुआ है।

आपने अक्सर टी.वी. चैनलों पर आने वाले कई विज्ञापनों पर ध्यान दिया होगा या कई बार सुना होगा। जैसेः–

(1) सबकी **पसन्द** – ....वाशिंग पाउडर

(2) बाल धोने का **खास** साबुन – ....

(3) **हाई पावर** .... – डिटरजेण्ट पाउडर

(4)	**चार बूँदों वाला**	–	....
(5)	.........ही **लेना**	–	डिटरजेण्ट पाउडर
(6)	पहले इस्तेमाल करें, फिर **विश्वास** करें	–	...डिटरजेण्ट पाउडर
(7)	.........है जहाँ	–	**तंदुरुस्ती** है वहाँ
(8)	....	–	ठंडा ठंडा–**कूल कूल**
(9)	**छोटा ए.सी.**	–	कूल कूल–ठंडा ठंडा
(10)	**फिल्मी सितारों** की पसंद	–	.......टायलेट सोप

क्रम संख्या 1 के अनुसार, वाशिंग पाउडर के लिए **पसन्द** शब्द का इस्तेमाल किया गया है। अतः अगर आप वाशिंग पाउडर का उत्पादन करने जा रहे हैं, तो आपको प्रोडक्ट के नाम को ढूँढने की जरूरत नहीं है। आप अपने वाशिंग पाउडर का निम्नलिखित नाम रख सकते हैं :–

पसन्द – वाशिंग पाउडर

क्रम संख्या 2 के अनुसार, अगर आप बाल धोने का साबुन बनाने जा रहे हैं, तो उसका निम्नलिखित नाम आप रख सकते हैं :–

खास – बाल धोने के लिए

क्रम संख्या 3,5 और 6 के अनुसार, अगर आप डिटरजेण्ट पाउडर का उत्पादन करने जा रहे हैं, तो आप निम्नलिखित में से कोई नाम रख सकते हैं:–

हाई पावर – डिटरजेण्ट पाउडर

लेना – डिटरजेण्ट पाउडर

विश्वास – डिटरजेण्ट पाउडर

क्रम संख्या नं. 4 के अनुसार, अगर आप लिक्विड नील का उत्पादन करने जा रहे हैं, तो निम्नलिखित नाम आप रख सकते हैं:–

चार बूँदों वाला – लिक्विड नील

क्रम संख्या नं. 7 व 10 के अनुसार अगर आप नहाने का साबुन बनाने जा रहे हैं, तो आप निम्नलिखित नाम रख सकते हैं:–

तन्दुरुस्ती – टॉयलेट साबुन

फिल्मी सितारा – टॉयलेट साबुन

क्रम संख्या नं. 8 व 9 के अनुसार, अगर आप ठंडे पाउडर का उत्पादन करने जा रहे हैं, आप निम्नलिखित नाम रख सकते हैं:–

कूल कूल – ठंडा टेलकम पाउडर

छोटा ए.सी. – ठंडा टेलकम पाउडर

इस प्रकार, आपने देखा कि जो विज्ञापन, बड़ी कम्पनियाँ अपने प्रोडक्ट के लिए करा रही हैं, उनके विज्ञापनों में आपके प्रोडक्ट का नाम लिखा हुआ है। आपको विज्ञापन पर पैसा खर्च करने की जरूरत नहीं है। आपके प्रोडक्ट का विज्ञापन दूसरी कम्पनियाँ खुद–ब–खुद करा रही हैं। इसी प्रकार आप अपने प्रोडक्ट के नाम रख सकते हैं, जिनका विज्ञापन अनेकों कम्पनियाँ, टी.वी. चैनलों पर करा रही हैं।

नोट :– नाम रखने से पहले, आप किसी कानूनी विशेषज्ञ से राय जरूर ले लें।

18. क्वालिटी कण्ट्रोल

अनेकों बार देखा गया है कि बड़ी–बड़ी कम्पनियों के साथ–साथ, अनेकों कम्पनियों के प्रोडक्ट्स मार्केट में आकर फेल हो जाते हैं। कारण? कम्पनियों द्वारा हर कदम पर, नये व अनाड़ी लोगों की सेवाएँ लेना। सेल्स लाइन में ऐसे–ऐसे युवकों को लगा दिया जाता है, जो व्यापार की ए.बी.सी. भी नहीं जानते। फैक्टरी में ऐसे लोगों की भर्ती कर ली जाती है, जो प्रोडक्शन सम्बन्धी बातों से अनजान होते हैं। किसी भी प्रोडक्ट्स के लिए जो एक बार फार्मूला बना लिया गया, उसके अनुसार माल नहीं बनाते। जो कच्चा माल खरीदा जाता है, इस पर ध्यान नहीं दिया जाता कि कच्चा माल हमेशा एक जैसा ही होना चाहिए। कई बार तो कई कम्पनियाँ, दूसरी छोटी–छोटी कम्पनियों से अपना प्रोडक्ट बनवाते हैं, जो अपने लाभ की खातिर हमेशा एक जैसी क्वालिटी नहीं दे पाते। माल उत्पादन के पश्चात् किसी विशेषज्ञ से चैक नहीं कराया जाता। ऐसी सारी बातों का पता तब चलता है, जब माल वापिस मार्केट से आना शुरू होता है, तब उत्पादनकर्ता की आँखें खुलती हैं।

अतः समस्त उत्पादनकर्ताओं को सलाह है कि वे जो भी प्रोडक्ट बनाएँ, क्वालिटी प्रोडक्ट बनाएँ। फैक्टरी से लेकर माल को कंज्यूमर तक पहुँचने तक विशेष नजर रखें, तभी प्रोडक्ट फेल होने से बच सकता है। जो भी उत्पादनकर्ता, माल का उत्पादन करने जा रहे हैं या कर रहे हैं, वे इस बात का ध्यान रखें कि प्रोडक्ट के लिए एक बार जो फार्मूला फाइनल कर लिया गया है, उसी के अनुसार ही माल का उत्पादन करें।

जो रोजाना माल उत्पादन हो रहा है, उसकी क्वालिटी, फिक्स किये गये फार्मूले के अनुसार है या नहीं, बड़ी–बड़ी कम्पनियाँ इसके लिए विशेषज्ञ रखती हैं,

जो समय–समय पर माल उत्पादन के समय, बीच–बीच में व माल तैयार होने तक, हर चीज पर नजर रखते हैं, कच्चे माल की क्वालिटी पर भी उनकी नजर रहती है।

मगर छोटे–छोटे उत्पादनकर्ता, इस बात को महत्त्व नहीं देते। नतीजा होता है, माल में किसी प्रकार की कमी का रह जाना और अन्त में उपभोक्ता इस्तेमाल के समय, कम्पनी के प्रोडक्ट को फेल या पास कर देता है।

अतः समस्त उत्पादनकर्ता अपनी फैक्टरियों में उस प्रोडक्ट के विशेषज्ञ रखें, जो उत्पादन से पहले व बाद में, प्रत्येक कदम पर नजर रखें, तभी कम्पनियों के प्रोडक्ट्स कंज्यूमर के द्वारा ज्यादा तादाद में खरीदे जाएँगे अन्यथा क्वालिटी प्रोडक्ट न होने पर कम्पनियाँ फेल हो जाती हैं। शायद इसी कारण देखा गया है कि रोजाना दस कम्पनियों का जन्म होता है व दूसरे दिन एक कम्पनी बंद हो जाती है।

19. रिप्लेसमेंट

रिप्लेसमेण्ट का मतलब है, जो माल कम्पनियों द्वारा डिस्ट्रीब्यूटरों व रिटेलर्स को बेचा जाता है, अगर वह माल किसी कारणवश जैसे, खाने–पीने की चीजों को चूहे वगैरह खाकर खराब कर जायें, माल गलती से कटा–फटा, टूटा–फूटा या खराब क्वालिटी का भेज दिया जाये या माल की एक्सपायरी तारीख पूरी हो जाये, तो उत्पादनकर्ता का यह फर्ज बनता है कि ऐसे माल को वापिस लेकर उसके बदले में नया माल दे।

आमतौर पर ऐसा माल उत्पादनकर्ता द्वारा बदल दिया जाता है। मगर कई कम्पनियाँ, जो व्यापार के सही मतलब को नहीं समझतीं, ऐसे माल को वापिस लेने से इन्कार कर देती हैं। ऐसे हालात में जब डिस्ट्रीब्यूटर व रिटेलर्स को नुक्सान होता है, तो वे कम्पनी का माल बेचना ही बन्द कर देते हैं।

वैसे रिप्लेसमेण्ट माल की सारी जिम्मेवारी उत्पादनकर्ता की होती है। उसकी जिम्मेवारी है कि अगर उसको अपना व्यापार सुचारु रूप से चलाना है, तो वह अपने खराब माल को शीघ्र बदले।

जब कभी कम्पनी यह देखती है कि डिस्ट्रीब्यूटर के पास रिप्लेसमेण्ट काफी इक्टठी हो जाती है, तो वह उस डिस्ट्रीब्यूटर से डीलिंग बन्द करके नया डिस्ट्रीब्यूटर बना देते हैं, जो कि एक गलत बात है।

❖❖❖

20. बार-बार डिस्ट्रीब्यूटर बदलना

आम तौर पर देखा गया है कि कम्पनियों के उच्च अधिकारी या सेल्स स्टाफ निम्नलिखित कारणों से बार–बार डिस्ट्रीब्यूटर बदल देते हैं –

1. वितरक, माल भेजे गये बिलों का पेमेण्ट कभी भी समय पर नहीं करता।
2. कम्पनी के सेल्स स्टाफ को किसी भी प्रकार का सहयोग नहीं देता।
3. वितरक, कम्पनी के सेल्स स्टाफ के साथ अच्छी तरह से व्यवहार नहीं करता।
4. वितरक, सेल्स स्टाफ को रिटेलिंग के लिए पूरा समय नहीं देता।
5. वितरक, सेल्स स्टाफ की विजिट के पश्चात् पीछे से माल नहीं बेचता।
6. प्रोडक्ट की तरफ ज्यादा ध्यान नहीं देता।
7. कम्पनी द्वारा रिटेलर्स के लिए जो भी स्कीमें व गिफ्टें दी जाती हैं, वितरक रिटेलर या ग्राहक को नहीं देता।
8. वितरक किसी न किसी बात की हमेशा शिकायत करते रहते हैं कि कम्पनी उनके हिसाब से, पैकिंग चेंज नहीं करती, कम्पनी उनकी प्लानिंग से माल तैयार नहीं करती व कम्पनी उनकी सलाह से क्वालिटी में सुधार नहीं करती।

ज्यादातर इस वजह से भी डिस्ट्रीब्यूटर बदल दिये जाते हैं कि सेल्स लाइन में नये–नये खिलाड़ी आ जाते हैं, जिन्हें बिजनेस में ए.बी.सी. का ज्ञान नहीं होता। मात्र 20–25 साल के नवयुवक जिन्होंने न तो किसी संस्थान से डिप्लोमा किया

और न ही किसी अच्छे लेखक की मार्केटिंग पर लिखी पुस्तक पढ़ी। यह नये खिलाड़ी यह नहीं जानते कि आज के इस कम्पीटीशन के समय में बिजनेस करना या कराना, लोहे के चने चबाने के समान है। इसके अलावा कम्पनियों के वे ऑफिसर, जो एयरकंडीशन ऑफिसों में बैठते हैं, ये लोग मार्केट में कभी–कभार जाते हैं, मात्र अपने सेल्स स्टाफ की गलत रिपोर्ट पर वितरक बदल देते हैं।

उपर्युक्त कारणों से व अन्य और भी कई कारणों से कम्पनियाँ वितरक बदल देती हैं।

अतः मेरी राय है, जब भी डिस्ट्रीब्यूटर बनाए जाएँ, चाहे पार्टियाँ उनका सेल्स ऑफिसर या सेल्स रिप्रजेण्टेटिव बनाये मगर डिस्ट्रीब्यूटर का फाइनल एरिया सेल्स मैनेजर स्वयं करे। फाइनल करने से पहले कम्पनी के व्यापार से सम्बन्धित सब बातों पर विचार–विमर्श कर ले और यथासम्भव जो बातें तय हुई हैं, आपस में लिखित में कर ले, तो ज्यादा ठीक रहेगा।

मान लीजिए किसी डिस्ट्रीब्यूटर से कोई समस्या आ रही है। उसकी बजाये कि उसको बदल दें, आपस में बैठकर समस्या का समाधान कर लें। यदि डिस्ट्रीब्यूटर बदल दिया जाता है और कुछ समय बाद दूसरे डिस्ट्रीब्यूटर से भी कोई न कोई समस्या आ सकती है, तो क्या डिस्ट्रीब्यूटर बदलना ही समस्या का एक मात्र हल है? नहीं, डिस्ट्रीब्यूटर बदलते–बदलते मार्केट में प्रोडक्ट व कम्पनी की कीमत कम हो जाती है। इसलिए बार–बार डिस्ट्रीब्यूटर न बदलें।

❖❖❖

21. डंपिग पॉलिसी

डंपिग पॉलिसी का मतलब है– कम्पनियों या उनके सेल्स स्टाफ द्वारा आर्डर व आवश्यकता से अधिक माल सुपर स्टाकिस्ट, डिस्ट्रीब्यूटर व रिटेलर्स को भेज देना। प्रायः देखा गया है कि सेल्स स्टाफ, अपने उच्च ऑफिसर को खुश करने के लिए या इंसेण्टिव लेने के लिए ज्यादा माल सुपर स्टाकिस्ट, डिस्ट्रीब्यूटर व रिटेलर्स को भेज देते हैं। यहाँ तक देखा गया है कि सेल्स स्टाफ व कम्पनी एडवांस में पार्टियों को सूचित भी नहीं करते। मान लीजिए कि किसी डिस्ट्रीब्यूटर के महीने की सेल्स 10 हजार रुपये की है और सेल्स स्टाफ या कम्पनी ने उसे एक साथ 30 हजार का माल भेज दिया। जहाँ महीने में 10 हजार रुपये का माल बिक रहा था क्या अब 30 हजार का माल बिक जाएगा? एक्स्ट्रा माल भेजने से सेल्स बढ़ तो नहीं जाती। सेल्स स्टाफ या कम्पनियाँ ऐसा करके केवल मन को खुश कर सकती हैं, कि इस महीने हमने इतनी सेल्स की है।

असली समस्या तो तब आती है, जब पार्टियाँ ऐसे एक्स्ट्रा माल का या तो पेमेण्ट नहीं करतीं या देर से पेमेण्ट करती हैं। कभी–कभी तो यह ज्यादा भेजा गया माल पार्टियों द्वारा वापस भी भेज दिया जाता है।

कभी–कभी तो ऐसा भी होता है कि कम्पनियों द्वारा माल की ऐसी वेरायटी भेज दी जाती है, जिनकी बिक्री काफी कम होती है।

अतः कम्पनियाँ व सेल्स स्टाफ को सलाह है कि मात्र अपने व अपने बॉस को खुश करने के लिए व पैसा कमाने के लिए डंपिग स्टॉक की पॉलिसी पर न चलें। ऐसा न करने पर निश्चय ही पार्टियों, सेल्स स्टाफ व कम्पनियों में आपस में किसी प्रकार का मनमुटाव नहीं होगा।

अतः जब भी कम्पनियाँ या सेल्स स्टाफ नया माल या एक्स्ट्रा माल, डिस्ट्रीब्यूटर को भेजें, उसके पहले वे सारी बातें कह कर पार्टियों को विश्वास में ले लें ताकि आगे जाकर किसी प्रकार की परेशानी पैदा न हो। ❖❖❖

22. कंज्यूमर्स का रुपया करोड़पतियों की जेब में

हिन्दुस्तान की बड़ी–बड़ी कम्पनियाँ, अपने प्रोडक्ट की बिक्री बढ़ाने के लिए विज्ञापनों पर करोड़ों, अरबों रुपया खर्च कर रही हैं। क्या यह कम्पनियाँ अपनी जमा पूँजी में से यह रुपया खर्च कर रही हैं? नहीं! यह सारा रुपया कंज्यूमर्स की जेबों में से चुपचाप निकाला जा रहा है और ज्यादातर ग्राहकों को पता ही नहीं है। विज्ञापन पर जितना भी खर्चा यह कम्पनियाँ करती हैं, उसका एक हिस्सा अपने प्रोडक्ट्स के खुदरा मूल्य में डाल देते हैं। कल जो प्रोडक्ट 10 रुपये का था, वह आज 11 रुपये में बिक रहा है और कुछ ही महीनों बाद उसकी कीमत 12 रुपये हो जाती है। आज के कंज्यूमर के पास इतना समय नहीं होता कि वे इन फर्कों को देख सकें।

यह करोड़ों रुपया, टी.वी. चैनलों पर दिखाए जाने वाले विज्ञापनों को बनाने में तथा उन बड़े फिल्मी व गैर फिल्मी कलाकारों को दिया जाता है, जो मात्र कुछ ही सेकेंडों या मिनटों के लिए उस विज्ञापन में दिखाई देते हैं।

कुछ महीनों पहले टी.वी. चैनलों पर एक विज्ञापन दिखाया जा रहा था, जिसमें फिल्म इन्डस्ट्री के चार बड़े हीरो व एक बड़ी मशहूर हिरोइन को दिखाया गया है। इस कुछ ही मिनट की फिल्म में दिखाई गई हिरोइन व चार हीरों को करीब 5–7 करोड़ रुपया दिया गया होगा। क्या यह 5–7 करोड़ रुपया कम्पनी ने अपनी जमा पूँजी में से दिया होगा? नहीं, किसी भी हालत में नहीं। उस कम्पनी ने सारा का सारा खर्चा अपने प्रोडक्ट पर डाल दिया होगा। उस कम्पनी की प्लानिंग देखिए, प्रोडक्ट एक ही है, ब्रांड नेम भी एक ही है, मगर उस प्रोडक्ट की वैराइटी 10 है। ग्राहक को याद ही नहीं रहता, पिछली बार उन 10 वेराइटियों में से उसने

कौन–सी वेराइटी खरीदी थी, और अब कम्पनी ने किसका खुदरा मूल्य एक रुपया बढ़ा दिया, आम ग्राहक को पता ही नहीं है और प्रोडक्ट्स इस तरह मँहगे होते जा रहे हैं।

कोई भी उत्पादनकर्ता इस भ्रम में न रहे कि वे विज्ञापन पर करोड़ों रुपया खर्च करके अपने उस प्रोडक्ट के सामने दूसरी कम्पनियों के प्रोडक्ट को फेल कर देगें। हाँ, एक आम आदमी की जुबान पर वह प्रोडक्ट को तो ला सकते हैं, मगर हिन्दुस्तान के सारे कंज्यूमर केवल उसके ही प्रोडक्ट को खरीदेगें, ऐसा सोचकर वे केवल अपने मन को ही खुश कर सकते हैं।

कोई भी कम्पनी करोड़ों रुपया टी.वी. विज्ञापनों पर खर्च करके भी अपने प्रोडक्ट की मनचाही सेल, हमेशा के लिए नहीं ले पाती।

अतः ऐसी कम्पनियाँ, जो अपने प्रोडक्ट्स पर करोड़ों व अरबों रुपया, विज्ञापनों पर खर्च करती हैं, उनको सलाह दी जाती है कि भारत की आम जनता की जेब में से यह रुपया निकाल कर, उन हीरो व हिरोइंस को न दें, जो पहले से ही करोड़पति व अरबपति हैं। मैं यह भी नहीं कहता कि विज्ञापन पर खर्चा न करें। मुझे पता है, विज्ञापन के बिना माल बेचना आसान नहीं है। मगर छोटे खर्चे वाले विज्ञापन भी तो बनाये जा सकते हैं, ताकि यह विज्ञापन का भारी खर्चा आम आदमी पर ज्यादा न पड़े। वह भारी खर्चा न करके, अपने प्रोडक्ट को सस्ता करें ताकि प्रत्येक उपभोक्ता उस प्रोडक्ट को खरीद सके और निश्चित ही कम्पनी के प्रोडक्ट की बिक्री बढ़ेगी।

❖❖❖

23. बड़ी-बड़ी कम्पनियों की नींद उड़ गई है

मार्केट में कंज्यूमर प्रोडक्ट्स के लिए नई–नई कम्पनियों के आ जाने से पुरानी व बड़ी–बड़ी कम्पनियों की नींद उड़ गई है। इन दिनों जो भी नई कम्पनियाँ आ रही हैं, उनके प्रोडक्ट के पैकिंग बहुत ही आकर्षक व लुभाने वाले होते हैं। पहली ही नजर में ग्राहक केवल उनके खूबसूरत पैकिंग को देखकर ही प्रोडक्ट खरीद लेता है। अब आइए आप प्रोडक्ट की क्वालिटी पर। नई–नई कम्पनियाँ इस बात को अच्छी तरह समझ रही हैं कि बिना क्वालिटी प्रोडक्ट के ग्राहक एक बार तो माल को खरीद लेगा, मगर दूसरी बार नहीं खरीदेगा। अतः वे बढ़िया क्वालिटी में प्रोडक्ट दे रहे हैं। अब तीसरी बात, जब तक प्रोडक्ट के रेट बाजार में बिकने वाले नामी ब्रांड से कम नही होंगे, नये माल को ग्राहक क्यों खरीदेगा?

कुछ समय पहले, बड़ी–बड़ी कम्पनियों के सेल्स स्टाफ, मार्केट में रिटेलर्स व थोक विक्रेता के पास कम जाते थे, वे डिस्ट्रीब्यूटर के पास हाजिरी लगाकर, अपने प्रोडक्ट्स का हाल चाल पूछकर आगे रवाना हो जाते थे, क्योंकि उनका माल विज्ञापन के विभिन्न साधनों के बल पर, खास कर टी.वी. चैनलों पर विज्ञापनों के दम पर बिक रहा था। बड़ी–बड़ी कम्पनियाँ प्रोडक्ट्स की रिप्लेसमेंट करने में आनाकानी करती थीं, मार्केट में डिस्ट्रीब्यूटरों को, थोक विक्रेता को, रिटेलर को व उपभोक्ता को स्कीमें नहीं देती थीं।

मगर अब सारी बड़ी कम्पनियों के बड़े–बड़े ऑफिसर मार्केट में डिस्ट्रीब्यूटर, थोक विक्रेता, रिटेलर से मिलने लगे हैं। अपने प्रोडक्ट्स के साथ थोक विक्रेता को, रिटेलर को और यहाँ तक कि एक आम उपभोक्ता को भी फ्री गिफ्टें व स्कीमें देने लगे हैं व अपनी कम्पनी के प्रोडक्ट्स की रिप्लेसमेंट भी देने लगे हैं, क्योंकि ज्यादातर नई कम्पनियाँ इन सब बातों पर विशेष ध्यान दे रही हैं, जिसके कारण उनके प्रोडक्ट्स रिटेलर्स व ग्राहक खरीदने लग गये हैं।

बड़ी–बड़ी कम्पनियाँ रोजाना नये–नये रास्ते खोज रही हैं कि किस तरह अपने–अपने प्रोडक्ट की बिक्री को कायम रखें व बिक्री को बढ़ाएँ। सब कम्पनियों में, विज्ञापनों के जरिए आपसी लड़ाई तेज हो गई है। बड़ी–बड़ी कम्पनियाँ अपने नाम को बचाये रखने के लिए व माल बेचने के लिए विज्ञापनों पर करोड़ों रुपया खर्च कर रही हैं कि कहीं दूसरी कम्पनी उनसे आगे न निकल जाये। इस प्रतिस्पर्धा के कारण कि कहीं दूसरी कम्पनी हमारे से आगे न निकल जाये, बड़ी–बड़ी कम्पनियों के ऑफिसरों की नींद उड़ गई है।

❖❖❖

24. उपभोक्ता अनजान

अनेकों वर्ष पहले टेलीविजन, हर प्रकार के म्यूजिकल इंस्ट्रूमेण्ट, टूथपेस्ट, टेलकम पाउडर, नहाने के साबुन, शैम्पू, सौंदर्य प्रसाधन, कापियाँ आदि अनेकों कंज्यूमर प्रोडक्ट्स के रेट्स कम्पनियों द्वारा तय होते थे और कम्पनियाँ अच्छा मुनाफा कमाती थीं।

मगर आज इन्हीं प्रोडक्ट्स की तरफ ध्यान दीजिए, बड़े टी.वी. के साथ छोटा टी.वी. फ्री, प्रत्येक म्यूजिकल सिस्टम के साथ छोटा इंस्ट्रूमेण्ट फ्री, टूथपेस्ट के साथ छोटी टूथपेस्ट फ्री, टूथपेस्ट के साथ एक टूथब्रुश फ्री, तीन नहाने के साबुन साथ एक साबुन फ्री, 500 ग्राम शैम्पू के साथ 100 ग्राम शैम्पू फ्री, 200 ग्राम बिस्कुट के साथ 50 ग्राम बिस्कुट फ्री आदि अनेकों कंज्यूमर प्रोडक्ट के साथ इसी प्रकार फ्री में ग्राहकों को दिया जा रहा है। ग्राहक खुश है कि उसे खरीदे गये माल के साथ कुछ न कुछ फ्री में मिल रहा है। मगर उसका इस बात की तरफ ध्यान ही नहीं जा रहा कि जो प्रोडक्ट उसने एक या दो महीने पहले खरीदा था, उसकी कीमत क्या थी? क्या साथ में फ्री में भी कुछ था या नहीं। इसी बात का फायदा ज्यादातर कम्पनियाँ उठा रही हैं। पाउडर के एक डिब्बे के साथ दूसरा डिब्बा फ्री में दिया जा रहा है। टूथपेस्ट के साथ एक टूथ ब्रुश फ्री में दिया जा रहा है। क्या यह कम्पनियाँ नुक्सान उठा कर माल फ्री में दे रही हैं? बिल्कुल नहीं, बेचे जाने वाले माल का वे भाव बढ़ा देती हैं या क्वालिटी हल्की कर देती हैं। क्या ऐसा सम्भव है, पहले जिस 400 ग्राम टेलकम पाउडर की कीमत 50 रुपये होती थी और आज 50 रुपये में 400 ग्राम + 400 ग्राम फ्री में दे रहा है। इसका सीधा मतलब है वह पहले उपभोक्ता को भारी मुनाफे के साथ दे रहा था, अब फ्री में इस वजह से दे रहा है कि प्रोडक्ट की क्वालिटी को हल्का कर दिया है या फिर भाव बढ़ा दिये हैं। ज्यादातर

उपभोक्ताओं में से कई उपभोक्ताओं की सोच होती है कि साबुन लेना है तो उस कम्पनी का, डिटरजेण्ट लेना है तो उस कम्पनी का, चाहे कम्पनी ने रेट्स बढा दिये हों, क्वालिटी को घटा दिया हो या फिर वजन कम कर दिया हो, ग्राहक ज्यादा ध्यान नहीं देता और इसी बात का नाजायज फायदा कम्पनियाँ उठा रही हैं।

सबसे ज्यादा कंज्यूमर का फायदा उठा रही हैं, मोबाइल फोन कम्पनियाँ। जब ये शुरू–शुरू में आई थीं, तब इनके रेट्स क्या थे? और आज क्या हैं? कंज्यूमर खुद ही अन्दाजा लगा ले। हर हफ्ते बाजार में बडे–बडे बोर्ड, बैनर्स, नई–नई स्कीमों के बैनर्स, प्रत्येक कम्पनी के नजर आएँगे। हर हफ्ते अपनी नई–नई प्लानिंग के द्वारा कंज्यूमर से फायदा उठाने की तरकीबें सोची जाती हैं। मोटे तौर पर एक उदाहरण देखिए, शुरू–शुरू में एक मिनट के काल की कीमत शायद 5–6 रुपये होती थी और आज इनके विज्ञापनों में लिखा होता है, आउट गोइंग काल फ्री, यानि मुफ्त में फोन करें। क्या ऐसा सम्भव है, नहीं। जब इनके एजेण्टों के पास कंज्यूमर जाता है, तब पता चलता है कि किस तरह यह कम्पनियाँ फ्री कालें करवाती हैं।

❖❖❖

25. सफल बिजनसमैन

1. व्यापार में वही बिजनसमैन सफल हो सकता है, जो एक आम उपभोक्ता से लेकर, उत्पादनकर्ता तक सबके दु:ख–दर्द को समझता हो व सही तरीके से सबकी नब्ज को पहचानता हो।

2. एक आम उपभोक्ता को, सस्ता सुन्दर व टिकाऊ सामान चाहिए, इस बात को, कम्पनियों को हमेशा ध्यान में रखनी चाहिए।

3. कम्पनियों को इस बात का ध्यान रखना चाहिए कि रिटेलर्स को माल में ज्यादा से ज्यादा लाभ मिलना चाहिए, तभी वह माल बेचने में रुचि लेगा अन्यथा नहीं। एक आम भाषा में रिटेलर्स का कहना होता है, ''हमें जिस माल को बेचने में दो पैसा ज्यादा मिलेगा, हम उसी को बेचेंगे''।

4. डिस्ट्रीब्यूटर को ज्यादा से ज्यादा समय के लिए माल उधार मिलना चाहिए, इस बात का कम्पनी ज्यादा ध्यान दे अन्यथा वह माल कम बेचेगा।

5. इसी तरह सुपर स्टाकिस्ट, सी.एण्ड.एफ चाहते हैं कि उन्हें गोदाम के खर्चे, फोन व स्टेशनरी के खर्चे व उचित कमीशन मिलना चाहिए, अन्यथा वे माल बेचने में रुचि नहीं लेंगे।

अत: इस प्रकार जो कम्पनी व्यापार में आने वाली सारी समस्याओं का समाधान साथ की साथ करती जाती है, वह सफल हो सकती है, अन्यथा समस्याएँ बढ़ती जाएँगी व किसी भी समय कम्पनी व डिस्ट्रीब्यूटरों के सम्बन्ध समाप्त हो सकते हैं।

❖❖❖

26. री-पैकिंग

जो व्यापारी किसी भी कंज्यूमर प्रोडक्ट का स्वयं उत्पादन नहीं कर सकते, मगर उनकी इच्छा होती है कि उनके अपने ब्रांड नेम का प्रोडक्ट मार्केट में बिके। वह दो तरीकों द्वारा माल उत्पादन करवा कर मार्केट में दे सकते हैं:–

1. पहले तरीके के अनुसार सिर्फ उत्पादन करने के अलावा बाकी सब स्वयं का होता है। जिस भी प्रोडक्ट को वह बनवाना चाहते हैं, उसके लिए उन्हें किसी प्रकार की अपनी फैक्टरी नहीं लगानी पड़ती। देश में कई ऐसी फैक्टरियाँ हैं, जो आपके हिसाब से माल का उत्पादन करके देती हैं।

मान लीजिए आपको ब्रांड नेम से शैम्पू बनवाना है। ब्रांड नेम आपको तय करना होता है। पैकिंग पर जो भी मैटर लिखना होता है, उसे भी आपको तय करना होता है। किस प्रकार की क्वालिटी आप चाहते हैं, इसे भी आपको तय करना पड़ता है। कैसी व किस प्रकार की पैकिंग में आपको शैम्पू चाहिए, इसके लिए आपको तय करना होता है। उसका खुदरा मूल्य भी आपको तय करना होता है। लेबल वगैरह का डिजाइन भी आपको तय करना होता है। जब यह सारी चीजें आपके द्वारा फाइनल हो जाती हैं, तब यह सारी जानकारी लेकर उस उत्पादनकर्ता के पास जाना पड़ता है, जो हर प्रकार के शैम्पू का उत्पादन करते हैं। उत्पादनकर्ता से शैम्पू के भाव वगैरह तय करने पड़ते हैं।

आपके कहने पर वे बोतल, पाउच व पैकिंग रेपर वगैरह का इन्तजाम कर देते हैं। जिन पैकिंग में मेटीरियल बॉक्स वगैरह में माल पैकिंग होना है, उसका भी इन्तजाम वे कर लेते हैं। आपके चाहने पर, उत्पादनकर्ता तैयार माल को, भारत के किसी भी शहर में भेजने का भी इन्तजाम कर देते हैं। ऐसे माल को बनवाकर बेचने

में आपको किसी भी प्रकार का लाइसैंस नहीं लेना पड़ता किन्तु आपके पास वेट नम्बर होना चाहिए।

पैकिंग पर उत्पादनकर्ता का नाम मय लाइसैंस के होता है। आपकी फर्म के नाम से पहले ''मार्केटिड बॉय'' लिखना पड़ता है। जो व्यापारी इस प्रकार से माल किसी उत्पादनकर्ता से बनवा कर मार्केट में बेचते हैं, उन्हें इस बात का ध्यान रखना चाहिए कि जिस ब्रांड नेम से वह प्रोडक्ट बनवा रहे हैं, उस ब्रांड नेम को भारत सरकार के विभाग से रजिस्टर्ड करवा लें। जिस उत्पादनकर्ता से वे माल बनवा रहे हैं, उसके साथ कानूनी दस्तावेज पर एग्रीमेंट कर लें, ताकि आपके ब्रांड नेम प्रोडक्ट को वे किसी भी और व्यापारी को बेच न सकें।

2. दूसरे तरीके के अनुसार केवल तैयार माल फैक्टरी से लेना पड़ता है, बाकी के सारे कार्य स्वयं को करने होते हैं।

अतः जिस तरीके को करने में व्यापारी को ज्यादा मुनाफा होता हो व ज्यादा सुविधाजनक हो, उसी के अनुसार माल बनवा कर या माल पैक करके, माल को बाजार में बेचें।

❖❖❖

27. व्यापार में प्रगति का आधार - सही सिस्टम

उदाहरण के तौर पर, मनुष्य जीवन के एक दिन की दिनचर्या को देखें, जिसके आधार पर वह एक सही सिस्टम पर चलकर सही मायने में अपने तन–मन–धन से प्रगति करता है:–

1. प्रातः काल सूर्योदय से पहले सोकर उठना।
2. खाली पेट, गर्मियों में ताजा व सर्दियों में गुनगुना, 2–3 गिलास पानी पीना।
3. खुले स्थान या बाग–बगीचों में सैर करना।
4. हल्का व्यायाम करना।
5. न ज्यादा ठंडा, न ज्यादा गरम पानी से स्नान करना।
6. पूजा–पाठ करना।
7. हल्का व पौष्टिक नाश्ता करना।
8. चाहें आप नौकरी करते हैं या आप व्यापार करते हैं यथासम्भव ईमानदारी से अपनी ड्यूटी पूरी करना।
9. दोपहर में निश्चित समय पर भोजन करना।
10. शाम को या रात को ठीक समय पर अपने घर आना।
11. रात को सोने से 2 घंटा पहले भोजन करना।

12. खाना खाने के बाद, हल्की सैर करना।

13. रात को निश्चित समय 10 बजे के आस–पास सो जाना।

14. सोने से पहले, परमात्मा का ध्यान करना।

15. रात्रि 10 बजे से प्रात 5 बजे तक, गहरी नींद सोना।

इस बात का ध्यान रखें, दिनभर में जो भी खाएँ व पीएँ, वह शुद्ध होना चाहिए। माँस, शराब, तम्बाकू व अंडों का सेवन न करें।

जो भी व्यक्ति उपर्युक्त बातों का अपने जीवन में पालन करते हैं, निश्चय ही उनका तन–मन–धन दिन प्रतिदिन बढ़ता जाता है, क्योंकि आप एक सही दिनचर्या व जीवन के एक ''सही सिस्टम'' पर चलते रहे।

ठीक इसी तरह जो बिजनेसमैन ''सही सिस्टम'' पर चलते हैं, निश्चय ही वह व्यापार में दिन–प्रतिदिन आगे बढ़ते हैं और व्यापार जगत् में अपनी व अपने ''ब्रांड'' की अलग पहचान बनाते हैं। इस ''सही सिस्टम'' के विपरीत जो चलते हैं, वह पैसा तो कमाते हैं, मगर व्यापार की उन ऊँचाइयों पर नहीं पहुँच पाते, जिस ''सही सिस्टम'' पर चलकर अन्य व्यापारी अपनी व अपने ब्रांड की एक अलग पहचान बनाते हैं।

उत्पादनकर्ता का सही सिस्टम

नीचे एक उत्पादनकर्ता के ''सही सिस्टम'' का वर्णन किया गया है:–

1. पैकिंग मैटेरियल आकर्षक होना चाहिए।
2. पैकिंग मैटेरियल पर जो लिखवाएँ, वह सरल भाषा में होना चाहिए।
3. प्रोडक्ट उच्च किस्म के मैटेरियल से बनवाएँ।
4. खुदरा मूल्य, बाजार में बिकने वाले अन्य प्रोडक्ट्स से ज्यादा न हों।
5. सुपर डिस्ट्रीब्यूटर, थोक विक्रेता व रिटेलर को सही मार्जिन दें।
6. आजकल के प्रचलन के हिसाब से डिस्ट्रीब्यूटर, रिटेलर व ग्राहक को स्कीम में कुछ न कुछ जरूर दें ताकि हर कोई आपके प्रोडक्ट में रुचि ले।

7. प्रोडक्ट का कम खर्चीले का विज्ञापन जरूर करवाएँ।

8. आर्डर मिलते ही शीघ्र अपने डिस्ट्रीब्यूटरों को माल सप्लाई करें।

9. डिस्ट्रीब्यूटर को वही माल भेजें, जिसका उसने आर्डर दिया हो।

10. माल की मात्रा उतनी ही भेजें, जितनी मात्रा में आर्डर दिया हो।

11. निश्चित समय पर अपने सेल्स स्टाफ द्वारा माल को बिकवाएँ।

12. निश्चित समय पर डिस्ट्रीब्यूटरों से पेमेण्ट माँगे।

13. डिस्ट्रीब्यूटर, रिटेलर, सेल्स स्टाफ व उपभोक्ता द्वारा दिये गए सुझावों पर गौर करें।

14. जितनी पूँजी उत्पादनकर्ता के पास हो, उतनी पूँजी में ही अपने व्यापार को फैलाएँ।

15. व्यापार को आगे बढ़ाने के लिए ऋण तब लें, जब मूलधन के साथ–साथ, ब्याज भी चुका सकें।

अतः लेखक के अनुभव के हिसाब से, जो भी कम्पनियाँ व उनका उच्च स्टाफ उपर्युक्त व्यापार के ''सही सिस्टम'' पर चलते हैं, निश्चय ही वह कम्पनी ऊँचाई की वो मंजिल, जिसे वास्तव में वह पाना चाहते हैं, शीघ्र पा लेते हैं अन्यथा इसके विपरीत जो चलते हैं, वह वहीं पर पहुँचते है, जहाँ से वह काफी समय पहले चले थे और प्राप्ति कुछ भी नहीं हुई।

❖❖❖

3

डिस्ट्रीब्यूटर्स व रिटेलर्स से सम्बन्धित

1. थोक विक्रेता

हर छोटे–बड़े शहर में कुछ स्टाकिस्ट होते हैं व कुछ थोक विक्रेता भी होते हैं, जो प्रसिद्ध कम्पनियों के प्रोडक्ट्स रिटेलर्स को बेचते हैं। आम तौर पर यह थोक विक्रेता केवल उन्हीं कम्पनियों का माल बेचते हैं, जिन प्रोडक्ट्स की कंज्यूमर डिमांड होती है या वे ऐसा प्रोडक्ट बेचते हैं, जिनमें उनको ज्यादा फायदा मिलता है। यह थोक विक्रेता नई कम्पनियों के प्रोडक्ट को इतनी जल्दी अपनी दुकान में जगह नहीं देते।

अतः नई कम्पनियों के सेल्स स्टाफ को सलाह दी जाती है कि वे अपना प्रोडक्ट पहले शहर के प्रत्येक रिटेलर्स के यहाँ पहुँचवा दें। जब उनका प्रोडक्ट डिमांड में आने लगे, तब वह अपने प्रोडक्ट के बारें में थोक विक्रेता से बात करें।

यह थोक विक्रेता, रिटेलर्स को उन्ही रेटों पर माल बेचते हैं, जिन रेटों पर डिस्ट्रीब्यूटर रिटेलर्स को माल बेचता है। कम्पनियाँ व डिस्ट्रीब्यूटर अलग से उन्हें मुनाफा देते हैं।

सेल्स स्टाफ, समय–समय पर इन थोक विक्रेताओं से मिलते रहें व कम्पनी की तरफ से समय–समय पर छोटी–मोटी गिफ्ट देते रहें। थोक विक्रेता आपके प्रोडक्ट में रुचि लेने लगेगा।

2. डिस्ट्रीब्यूटर, सेल्स स्टाफ को सहयोग क्यों देता है?

सेल्स स्टाफ कम्पनी का माल बिकवाने के लिए डिस्ट्रीब्यूटर के पास जाता है। ऐसा देखा गया है कि डिस्ट्रीब्यूटर सेल्स स्टाफ की झूठी व गलत बातों के लिए उसे सहयोग करता है। जैसे सेल्स स्टाफ–

1. सुबह समय से लेट पहुँचे।
2. शाम को जल्दी चला जाये।
3. मार्केट में माल कम बिके।
4. कभी–कभी डिस्ट्रीब्यूटर के पास जाये ही नहीं।
5. फर्जी रिपोर्ट बनाए।
6. काम दो दिन किया, रिपोर्ट तीन दिन की बना दी।

ऐसा ज्यादातर होता है और डिस्ट्रीब्यूटर सेल्स स्टाफ को उपर्युक्त बातों के लिए सहयोग देते हैं। जब कम्पनी का उच्च पदाधिकारी फोन पर डिस्ट्रीब्यूटर से पूछता है कि उसका सेल्स स्टाफ आज कितने बजे पहुँचा था व कितने बजे वह आपकी दुकान से वापिस गया था। मार्केट में उसने कितना माल बेचा या उसने आपके स्टेशन पर कितने दिन काम किया। डिस्ट्रीब्यूटर सेल्स स्टाफ का पक्ष लेते हुए सब बातों के जवाब, उच्च अधिकारी को ऐसे देता है, जिससे वह संतुष्ट हो जाये।

कहने का मतलब है कि ज्यादातर डिस्ट्रब्यूटर सेल्स स्टाफ की गलत बातों में उसका ही पक्ष लेते हैं। शायद इसका कारण यह है कि :–

1. कम्पनियाँ डिस्ट्रीब्यूटर को मार्केट में देने के लिए जो स्कीमें या गिफ्टें देती हैं, सेल्स स्टाफ उसे न देने के लिए सहयोग करता है।
2. कम्पनियाँ अपने खर्चे पर डिस्ट्रीब्यूटर्स को स्टेशनों पर विज्ञापन वगैरह कराती हैं। सेल्स स्टाफ पैसा बचाने में डिस्ट्रीब्यूटर को सहयोग देता है।
3. कभी–कभी सेल्स स्टाफ अस़ली रिप्लेसमेंट से ज्यादा पास करता है, जिसमें डिस्ट्रीब्यूटर को आर्थिक फायदा होता है।
4. बार–बार डिस्ट्रीब्यूटर के पास जाने से सेल्स स्टाफ के व्यक्तिगत सम्बन्ध हो जाते हैं।

अतः अन्त में समस्त सेल्स स्टाफ व डिस्ट्रीब्यूटरों को सलाह दी जाती है कि वे दोनों मिलकर कोई ऐसा काम न करें, जिसमें कम्पनी की आर्थिक रूप से हानि हो।

❖❖❖

3. रिटेलर्स, डिस्ट्रीब्यूटर्स को सहयोग दें

बड़ी कम्पनियों को छोड़कर शेष सभी कम्पनियों के डिस्ट्रीब्यूटर्स द्वारा रिटेलर्स को माल उधार दिया जाता है, यह एक प्रचलन है। अगर डिस्ट्रीब्यूटर माल उधार न दे, तो ज्यादातर रिटेलर्स माल खरीदेगें ही नहीं। जरूरत का माल लेने में वह ज्यादा नहीं सोचता। सोचता कब है, जब डिस्ट्रीब्यूटर अपने उधार दिये गये माल का समय अवधि के पश्चात् पैसा लेने आता है तब रिटेलर सोचता है कि मैं इसे कम से कम कितना पैसा दूँ।

मिसाल के तौर पर रिटेलर्स को डिस्ट्रीब्यूटर का 5000 रुपया देना है। हर हफ्ते रिटेलर्स मात्र 500 या 1000 रुपये उसे पकड़ा देता है, यह कहकर कि बाकी अगली बार देगें। इस दौरान वह फिर डिस्ट्रीब्यूटर से माल लेता रहता है। उधार बढ़ती जाती है और अपने हिसाब से थोड़ा–बहुत पैसा देकर, रिटेलर डिस्ट्रीब्यूटर पर इस बात का दबाव बनाए रखता है कि वह उसे आगे भी माल देता रहे। देखा तो यहाँ तक गया है कि कई दुकानदार समय अवधि पर भी रुपया नहीं देते, यह कह कर कि अगली बार जरूर दे देगें।

अब डिस्ट्रीब्यूटर की हालत देखिए। जैसे–तैसे करके उसने व्यापार के लिए पैसा व माल इकट्ठा किया, माल दुकानदार की दुकान पर पहुँचाया। मात्र एक फोन करते ही, डिस्ट्रीब्यूटर ने उसी समय उसको माल पहुँचाया। डिस्ट्रीब्यूटर जब मार्केट में पैसा इकट्ठा करने जाता है, तो वापसी पर पता चलता है कि जहाँ आज 10 हजार रुपया इकट्ठा होना चाहिए था, मात्र 5 हजार रुपया ही इकट्ठा हुआ। और यह बात रोजाना की है।

अतः इस लेख द्वारा समस्त रिटेलर्स से अनुरोध है कि जिस तरह डिस्ट्रीब्यूटर तुरंत उनको माल पहुँचाता है, उसी तरह वे भी समय अवधि पर या हो सके, तो उससे भी पहले, उसकी बजाये कि डिस्ट्रीब्यूटर उसकी दुकान पर उनसे पैसा माँगने आये, रिटेलर स्वयं उसका पैसा उसकी दुकान पर पहुँचाए ताकि डिस्ट्रीब्यूटर, रिटेलर्स को और भी अच्छी सेवाएँ दे सकें।

4. मार्केट में माल किसके दम पर बिकता है?

जितनी भी 'ए' क्लास कम्पनियाँ हैं, जिनके कंज्यूमर प्रोडक्ट्स का विज्ञापन विभिन्न टी.वी. चैनलों पर व अनेकों साधनों द्वारा कराया जाता है, उनके प्रोडक्ट्स मार्केट में उपभोक्ता द्वारा खरीदे जाते हैं। चूँकि रिटेलर्स के पास कंज्यूमर डिमांड होती है, इस कारण ऐसी कम्पनियों के माल को मार्केट में बेचने में न तो कम्पनी के सेल्स स्टाफ का और न ही डिस्ट्रीब्यूटर का ज्यादा रोल होता है। ऐसी कम्पनियों के प्रोडक्ट्स के लिए चाहे कम्पनी का सेल्स स्टाफ या डिस्ट्रीब्यूटर मार्केट में जाये, रिटलेर द्वारा उनसे माल की डिमांड मिल जाती है।

मैं बात कर रहा हूँ उन कम्पनियों के प्रोडक्ट्स की, जिनके लिए मार्केट में थोड़ा–बहुत या बिल्कुल भी विज्ञापन नहीं कराया जाता। चूँकि ऐसी कम्पनियों के प्रोडक्ट्स की कंज्यूमर डिमांड नहीं होती, इस कारण डिस्ट्रीब्यूटर व कम्पनी के सेल्स स्टाफ को मार्केट में माल बेचने के लिए जाना ही पड़ता है। अगर यह दोनों ही मार्केट में माल बेचने के लिए न जायें, माल मार्किट में नहीं बिकेगा।

अगर कम्पनी का सेल्स स्टाफ अकेला मार्किट में रिटेलर्स को माल बेचने जाये, तो उसे मात्र 25 प्रतिशत ही सफलता मिलेगी और अगर डिस्ट्रीब्यूटर अकेला माल बेचने के लिए जाये, चाहे उसके सम्बन्ध गार्केट में रिटेलर्स के साथ होते हैं, फिर भी उसे मात्र 25 प्रतिशत ही सफ़लता मिलेगी।

अतः अगर दोनों मिलकर मार्केट में रिटेलर्स के पास जायें, तो 100 प्रतिशत माल बिकने की सम्भावना होती है, क्योंकि तब दोनों मिलकर 1+1–11 हो जाते हैं। रिटेलर डिस्ट्रीब्यूटर से सम्बन्धों के कारण, जब वह कम्पनी के सेल्स स्टाफ से बात करता है, तो उसे यह तसल्ली हो जाती है कि कम्पनी का आदमी जो भी रेट्स व स्कीम वगैरह बता रहा है, ठीक ही होगा।

अतः मार्केट में माल केवल एक के दम पर न बिककर दौनों यानि कम्पनी के सेल्स स्टाफ व डिस्ट्रीब्यूटर के दम पर ही माल बिकता है। ❖❖❖

5. मंदी का कारण

अक्सर आपने मार्केट में दुकानदारों को यह कहते हुए सुना होगा, आजकल मंदा बहुत चल रहा है। उनका ऐसा कहना काफी हद तक ठीक भी है। बाजार में छोटी दुकानों से लेकर बड़े–बड़े शोरूम कंज्यूमर प्रोडक्ट्स से भरे पड़े हैं, मगर उनकी दुकानों में ग्राहक नहीं हैं। बड़े–बड़े शोरूमों में जितने सेल्समैन काउण्टर पर खड़े होते हैं, उतने तो दुकान में ग्राहक भी नहीं होते। हाँ, केवल शाम के समय दो–तीन घंटों के लिए दुकानों में ग्राहक की भीड़ होती है।

दुकानों में ग्राहक नहीं हैं, इसका क्या कारण है? हालाँकि भारत की आबादी, पूरी दुनियाँ में दूसरे नम्बर पर है, जनता की कमी नहीं है। जिधर देखिए, भीड़ नजर आती है। कमी है, दुकानों से माल खरीदने वाले ग्राहकों की।

आज देश आर्थिक क्षेत्र में प्रगति की ओर अग्रसर है। कमाने के नये–नये क्षेत्र निकल रहे हैं। मेरी राय में देश में जितनी प्रगति आर्थिक क्षेत्र में हो रही है, उसका असर मात्र, पूँजीपतियों को हो रहा है, जो हर प्रकार के बड़े–बड़े उद्योग लगा रहे हैं। उनके हालात दिन–प्रतिदिन अच्छे होते जा रहे हैं। लखपति करोड़पति हो रहा है, करोड़पति अरबपति हो रहा है। मगर हजारपति व्यक्ति हजारपति से ऊँचा नहीं उठ पा रहा। क्योंकि उसकी कमाई के साधन अत्यन्त सीमित हैं। परिवार में धीरे–धीरे सदस्य बढ़ रहे हैं। उसे समाज में रह कर दुनियादारी भी निभानी है। बच्चों को पढ़ाना भी है। उनका पालन–पोषण भी करना है। शादी–विवाह पर भी सामर्थ्य के अनुसार खर्चा करना है, जीवन में आकस्मिक खर्चों के लिए पैसों का इन्तजाम भी करना है। इसके अलावा, समाज में रहते हुए देखा–देखी शौक पूरे करने हैं। आज हर घर में रंगीन टी.वी. स्कूटर, कूलर, वाशिंग मशीन, फोन के अलावा हरेक को मोबाइल फोन भी चाहिए। हरेक की इच्छा होती है, अपना एक छोटा–सा घर भी होना चाहिए।

एक आदमी को इन सबका खर्चा करने में इन्तजाम करने में, जितनी उसकी आमदनी होती है, उससे भी ज्यादा खर्चा होता है। यहाँ तक की इन सबका इन्तजाम करने में कर्जा भी लेना पड़ता है। क्योंकि हर चीज लोन पर किश्तों में मिल जाती है। एक मीडियम क्लास फैमिली के पास बचा ही क्या? बाजार में मंदी का सबसे बड़ा कारण यह है कि लोगों के पास फालतू पैसा ही नहीं है कि जब चाहें मार्केट जायें और कुछ खरीद लें और जब जेब में फालतू पैसा ही नहीं है, वह जरूरी चीजों को खरीदने के अलावा अन्य चीजों के लिए दुकानों में नहीं जाता। मंदी का दूसरा कारण, पहले दुकानें कम होती थीं, मगर अब आज हर गली, हर मोहल्ले में हर प्रकार की दुकानें खुल गई हैं। दुकानों की तादाद काफी ज्यादा हो गई है, जिसके कारण ग्राहक बँट गया है।

मंदी का तीसरा कारण, पहले दुकानें शहरों में होती थीं, गाँव व कस्बे का एक आम ग्राहक सामान खरीदने के लिए अपने पास के शहर में जाता था। अब उसके गाँव व कस्बे में ही हर प्रकार की जरूरत के सामान की दुकानें खुल गई हैं। गाँव व कस्बे का ग्राहक अपने ही गाँव व कस्बे तक सीमित हो गया है।

मंदी का चौथा सबसे बड़ा कारण, जरूरत की हर चीज मँहगी होती जा रही है, इन कारणों से बाजार में मंदा चल रहा है।

❖❖❖

6. सबसे ज्यादा फायदा कौन उठा रहा है?

किसी भी प्रोडक्ट को बनाने से लेकर बेचने तक निम्नलिखित व्यापारियों का प्रमुख योगदान होता है–

1. उत्पादनकर्ता
2. सुपर स्टाकिस्ट/सुपर डिस्ट्रीब्यूटर या सी.एंड.एफ
3. स्टाकिस्ट या डिस्ट्रीब्यूटर
4. सब–डिस्ट्रीब्यूटर
5. थोक विक्रेता
6. रिटेलर

हरेक के बारें में मैंने अपनी पुस्तक में कुछ न कुछ लिखा है। यहाँ मैं इनके आर्थिक पहलुओं पर लिखूँगा।

1. **उत्पादनकर्ता**:– किसी भी प्रोडक्ट को बनाने में सारे रुपयों का इन्तजाम उत्पादनकर्ता को करना पड़ता है। चाहे वह अपने पास जमा पूँजी में से लगाए या बाहर से इन्तजाम करे।
2. **सुपर स्टाकिस्ट:–** को बड़ी कम्पनियों को छोड़कर बाकी सारी कम्पनियों से माल उधार मिलता है, चाहे सात दिन की हो या 30 दिन की।
3. इसी तरह **डिस्ट्रीब्यूटर** को भी सारा माल उधार में मिल जाता है, सिवाय नामी ब्रांडों की कम्पनियों को छोड़कर।

4. **सब–डिस्ट्रीब्यूटर** को सारा माल उधार में मिलता है।

5. **थोक विक्रेता** को सारा माल उधार में मिलता है।

6. **रिटेलर** को इस लेन–देन में उधार का सबसे ज्यादा फायदा मिलता है।

इन सबमें थोक विक्रेता व रिटेलर ही ऐसे व्यापारी हैं, जो किसी भी कम्पनी के प्रोडक्ट्स को आम उपभोक्ता तक पहुँचाते हैं।

अतः मेरी राय में जहाँ तक व्यापार में पैसा न लगाने का प्रश्न है, थोक विक्रेता व रिटेलर हैं, जो बिना पैसे के व्यापार कर रहे हैं।

एक मिसाल देखिए, रिटेलर या थोक विक्रेता को सारे डिस्ट्रीब्यूटरों से माल उधार में मिलता है। यानि हर एक रिटेलर को अनेकों डिस्ट्रीब्यूटरों को काफी पैसा देना होता है। मगर जब डिस्ट्रीब्यूटर शाम को इनसे पैसा लेने जाते हैं, तो किसी भी रिटेलर को दिये गए माल के पैसों का 10–20 प्रतिशत से ज्यादा नहीं मिलता।

अतः पाठकगण स्वयं ही फैसला करें, व्यापार में बिना पूँजी खर्च किये कौन व्यापार कर रहा है?

❖❖❖

7. सी.डी. कैश डिस्काउण्ट

व्यापार के लेन–देन में अक्सर आपने सुना होगा कि अगर पेमेण्ट नकद दें, तो सी.डी. कितना मिलेगा? उत्पादनकर्ता डिस्ट्रीब्यूटर को माल देता है, डिस्ट्रीब्यूटर रिटेलर को माल देता है। आम तौर पर माल उधार दिया जाता है जो कि 15 दिन से लेकर 30–45 दिन तक के लिए दिया जाता है। लेकिन अगर डिस्ट्रीब्यूटर को या डिस्ट्रीब्यूटर द्वारा रिटेलर को माल देते ही तुरंत रुपया चाहिए तो बिल अमाउण्ट पर कैश डिस्काउण्ट देना पड़ता है। यह कैश डिस्काउण्ट आमतौर पर एक प्रतिशत से पाँच प्रतिशत तक हो सकता है। आपस में तय किये गये कैश डिस्काउण्ट का पैसा काटकर बाकी का पेमेण्ट कर दिया जाता है।

कैश डिस्काउण्ट लेना व देना, यह दोनों पार्टियों की आपस की रजामन्दी पर निर्भर करता है।

लेकिन डिस्ट्रीब्यूटर व रिटेलर इस बात का नाजायज फायदा उठाने की कोशिश करते हैं। मान लीजिए पेमेण्ट 2–3 दिन में देने पर कैश डिस्काउण्ट लेना है, मगर पेमेण्ट करने वाला 2–3 दिन की बजाय 20–25 दिन बाद भी पेमेण्ट करने पर कैश डिस्काउण्ट काट लेता है, जो कि ठीक बात नहीं है।

अतः उन तमाम पेमेण्ट देने वालों से अनुरोध है कि अगर उन्हें कैश डिस्काउण्ट लेना है, तो पेमेण्ट तुरंत दें, जोकि आपस में तय हुआ है ताकि रुपयों का चक्र जल्दी से घूम सके।

❖❖❖

8. मार्केटिंग का खर्चा

किसी भी कंज्यूमर प्रोडक्टस् को मार्केट में बिकवाने के लिए उत्पादनकर्ता द्वारा अपने सेल्स स्टाफ को मार्केट में भेजना पड़ता है और डिस्ट्रीब्यूटर के साथ मिलकर मार्केट में रिटेलर को माल बेचने के लिए जाना पड़ता है, तभी माल बिकता है।

इस पुस्तक में मैं उत्पादनकर्ता को एक बात बताना चाहता हूँ कि बिना अपना सेल्स स्टाफ भेजे भी मार्केट में केवल डिस्ट्रीब्यूटर माल बेच सकता है। अगर उत्पादनकर्ता भेजे गये माल पर कुछ प्रतिशत कमीशन अलग से डिस्ट्रीब्यूटर को दे, अगर डिस्ट्रीब्यूटर को अपने लाभ के अलावा अलग से माल बेचने का खर्चा कम्पनी से मिलेगा तो वह स्वयं माल बेचने में अतिरिक्त रुचि लेगा।

लेकिन ऐसा तभी हो सकता है, जब उत्पादनकर्ता के माल की मार्केट में ऑटोमैटिक डिमांड होने लगे। नए माल को डिस्ट्रीब्यूटर बिना कम्पनी के सेल्स स्टाफ के ज्यादा नहीं बेच सकता। इस प्रकार से मार्केटिंग का खर्चा, उत्पादनकर्ता, डिस्ट्रीब्यूटर को दो प्रतिशत से पाँच प्रतिशत तक देता है। अतः अगर मार्केटिंग खर्चा देकर, उत्पादनकर्ता का माल बिकता है, तो सेल्स स्टाफ रखने की सिरदर्दी खत्म हो जाती है।

❖❖❖

4

नई वेरायटी

1. टॉयलेट सोप

नहाने के साबुन की अनेकों कम्पनियाँ साबुन को विभिन्न खुशबुओं में बनाकर मार्केट में बेच रही हैं।

इस लेख में मैं नहाने के साबुन में ऐसी दो वेराइटिओं का वर्णन कर रहा हूँ, जो इस समय बाजार में उपलब्ध नहीं हैं। इस वेराइटी को वे साबुन निर्माता भी बना सकते हैं, जो इस समय मार्केट में साबुन बना कर बेच रहे हैं तथा वे साबुन निर्माता भी बना सकते हैं, जो नया–नया व्यापार शुरू करने जा रहे हैं। इस समय हिन्दुस्तान में दो बड़ी राजनैतिक पार्टियाँ हैं –

1. काँग्रेस पार्टी 2. भारतीय जनता पार्टी

काँग्रेस पार्टी के झंडे में तीन रंग है :– केसरिया, सफेद व हरा।

भारतीय जनता पार्टी के झंडे में दो रंग है:– हरा व केसरिया।

चूँकि भारत के ज्यादातर व्यक्ति इन दोनों में से किसी एक पार्टी से भावनात्मक रूप से जुड़े हुए हैं। अगर उस व्यक्ति को बाजार में तीन रंगों का बना या उपर्युक्त दो रंगो का बना, नहाने का साबुन मिल जाये, तो उस साबुन को खरीदने में उसकी प्राथमिकता रहेगी।

अतः मैं पुराने व नये साबुन बनाने वालों को यह परामर्श देता हूँ कि वे निम्नलिखित दो व तीन रंगों वाले नहाने के साबुन का उत्पादन करें:

1. केसरिया व हरे रंग में (दो रंगों में)
2. सफेद, केसरिया व हरे रंग में (तीन रंगों में)

मेरा विश्वास है कि निश्चय ही प्रत्येक व्यक्ति इन दोनों साबुनों में से किसी एक को जरूर खरीदेगा, क्योंकि भारत में ज्यादातर व्यक्ति भावनात्मक रूप से कांग्रेस या भारतीय जनता पार्टी से जुड़े हुए हैं।

नोटः– उपर्युक्त दोनों प्रकार के साबुनों को बनाने से पहले कानूनी विशेषज्ञ से परामर्श जरूर कर लें।

❖❖❖

2. रेडीमेड चाय

चाय के नाम से आप सभी भलीभाँति परिचित हैं। आप सुबह से लेकर रात तक कई बार चाय पीते हैं। चाय बनाने के लिए मुख्यतः चार चीजों की जरूरत पड़ती है। वह है:– दूध, पानी, चायपत्ती व चीनी। वैसे तो हर घर में यह चारों चीजें उपलब्ध होती हैं। मगर आपने देखा होगा कि घर में कभी चाय की पत्ती खत्म हो जाती है, कभी दूध नहीं होता, कभी घर में चीनी नहीं होती। कोई एक चीज की कमी हो, तो चाय नहीं बन सकती। उस चीज को लाने के लिए तुरंत बाजार में जाना पड़ता है।

अतः आज मैं इस समस्या को दूर करने के लिए आपको रेडीमेड चाय के बारें में बता रहा हूँ, जिसे आप बनाकर अच्छे पैकिंग में पैक करके बेच सकते हैं। इस चाय में निम्नलिखित चार चीजों की जरूरत पड़ेगी, जो कि बाजार में आसानी से मिल जाती हैं।

1. बारीक चाय पत्ती
2. पिसी हुई चीनी
3. सूखा दूध पाउडर (केवल चाय बनाने का)
4. छोटी इलायची पिसी हुई (छिलकों सहित)

इन चीजों को सही अनुपात में मिलाएँ व खूबसूरत पैकिंग में बाजार में दुकानदारों को बेचें।

चूँकि यह रेडीमेड चाय बाजार में पहली बार होगी, इस कारण इसकी काफी बिक्री होगी।

3. इलायची मिक्स चाय

इस समय मार्केट में जितनी भी चाय बिक रही है चाहे वो खुली हो, चाहे पैकिंग में। मैं इस लेख में चाय की एक नई वैरायटी पेश कर रहा हूँ, जो इस समय बाजार में उपलब्ध नहीं है–''इलायची वाली चाय''।

जो भी चाय निर्माता इस समय चाय को पैकिंग में बेच रहा है या वह उत्पादनकर्ता जो चाय का कारोबार शुरू करने जा रहे हैं, वे प्लेन चाय की पत्ती में ''छोटी इलायची'' को हल्का–सा कूटकर (पाउडर नहीं बनाएँ) चाय की पत्ती में सही अनुपात में मिला दें व खूबसूरत पैकिंग में पैक करके मार्केट में रिटेलर को बेचें, अच्छी सेल मिलेगी।

मेरा ऐसा विश्वास है, जो चाय निर्माता इस समय जितनी भी सेल कर रहा है, उसमें 25 प्रतिशत वृद्धि होगी। आजमा कर देखें।

❖❖❖

4. भुजिया के अनेक रूप

नमकीन भुजिया के नाम से आप सभी परिचित हैं। आप सभी खाते हैं। इस समय सारी कम्पनियाँ मात्र 2 या 3 वैरायटी में इसका उत्पादन कर रही हैं:–

1. भुजिया
2. आलू भुजिया
3. बीकानेरी भुजिया

नीचे मैं इसी भुजिया की कुछ और वेरायटीज के बारें में लिख रहा हूँ, जो इस समय मार्केट में उपलब्ध नहीं हैं:–

1. पोदीना भुजिया
2. मैथी भुजिया (पीली)
3. प्याज भुजिया
4. नींबू भुजिया
5. फीकी भुजिया (केवल नमक वाली)
6. लौंग भुजिया
7. हींग भुजिया
8. मीठी भुजिया
9. लाल मिर्च भुजिया
10. मैथी भुजिया (हरी)
11. धनिया भुजिया (हरा)
12. धनिया भुजिया (सूखा)
13. जीरा भुजिया
14. काली मिर्च भुजिया
15. अदरक भुजिया
16. लहसुन भुजिया
17. टमाटर भुजिया
18. मिक्स मसाला भुजिया

उपर्युक्त वेरायटीज में भुजिया बनाकर उत्पादनकर्ता अपनी बिक्री को कई गुणा ज्यादा बढ़ा सकता है।

5. नमकीन 'डंकोली'

नमकीन में 'डंकोली' शब्द शायद आपके लिए नया नाम होगा, मगर बीकानेर के निवासी इस 'डंकोली' शब्द को अच्छी तरह जानते हैं। आपने नमकीन की अनेकों वेरायटियाँ खाई होंगी और 'डंकोली' भी खाई होगी, मगर आपको पता नहीं है कि इसी को ही डंकोली कहते हैं।

आपने अनेकों कम्पनियों की बनी 'भुजिया' खाई होगी, मगर आपने ध्यान नहीं दिया। भुजिया के पैकेट के ऊपर भुजिया में दो–तीन पीस थोड़ा बड़े साइज के प्रिण्ट होते है व पैकेट के अन्दर भुजिया में भी वह दो तीन पीस मिल जाते हैं, जो कि काफी स्वादिष्ट होते हैं, इसे ही डंकोली कहते हैं। यह लेख मैं उन नमकीन बनाने वाली कम्पनियों के लिए लिख रहा हूँ, जो पहले से ही भुजिया बना रहे हैं व नये नमकीन कम्पनियों के लिए भी है। इस समय मार्केट में किसी भी कम्पनी की 'डंकोली' पैकिंग में नहीं आ रही, अगर नये व पुराने भुजिया उत्पादन कम्पनियाँ इस वैरायटी का भी उत्पादन करें, तो एक अतिरिक्त सेल मिल सकती है। लेकिन एक बात का ध्यान रहे कि निम्नलिखित चीजें 'डंकोली' में जरूर डालें, तो 'डंकोली' में अनोखा स्वाद आएगा।

(1) लौंग (2) साबुत धनिया
(3) काली मिर्च (4) जीरा

नोटः– लौंग व काली मिर्च हल्की कूटकर डालें। सूखा धनिया व जीरा साबुत डालें।

मेरा विश्वास है इस नई वैरायटी को लोग जरूर पसन्द करेंगे।

❖❖❖

6. नमकीन कचौड़ा

'कचौड़ी' शब्द से आप सभी परिचित हैं, मगर 'कचौड़ा' शब्द शायद आपके लिए नया होगा। मगर जयपुर के निवासी इस कचौड़े को अच्छी तरह जानते हैं, क्योंकि शायद यह मात्र जयपुर के नमकीन बनाने वाले ही बनाते हैं। यह पैकिंग में न मिलकर खुला मिलता है।

कचौड़ी में इतने मसाले नहीं डाल जाते, जितने मसाले कचौड़े में डाले जाते हैं यानि मसालों में ऐसा कौन–सा मसाला है, जो इसमें नहीं डाला जाता। अन्य पिसे हुए मसाले के अलावा कुछ मसाले कूटकर डाले जाते हैं। इस कारण यह कचौड़ा खाने में अधिक स्वाद वाला होता है। इसके बनाने की विधि निम्नलिखित है:–

मैदे को पानी व घी में गूँथकर बहुत बड़े आकार की गोलाई में इसे बेला जाता है, फिर इसमें पहले से ही तैयार पिसी व भुनी हुई दाल में सारे मसाले डालकर रोटी के जैसे बेल दिया जाता है। पूरे के पूरे बड़े पीस को तेल में अच्छी तरह तल लिया जाता है। कढ़ाई में से निकलने के बाद उसके छोटे–छोटे टुकड़े कर दिये जाते हैं, कचौड़ा तैयार है।

मेरी ऐसी मान्यता है कि अन्य नमकीनों की तरह पाउच पैकिंग में पैक करके मार्केट में इसे बेचा जाये, तो काफी बिक्री मिल सकती है। वैसे भारत की कुछ बड़ी कम्पनियाँ पाउच पैकिंग में छोटी समोसियाँ, मठियाँ वगैरह बेच रही हैं। नये या पुराने नमकीन बनाने वाली कम्पनियाँ इसे बनायें, काफी सेल मिलेगी।

5

सफलता के सूत्र

1. सपना दिन में देखें

आम तौर पर आप जो भी सपना, रात में या निद्रा अवस्था में देखते हैं, वह कभी सच नहीं होते, क्योंकि वे सब कल्पना से भी परे होते हैं। रात्रि में देखे गए ज्यादातर सपने दिन होते ही भूल जाते हैं, क्योंकि तब आप अचेतन अवस्था में होते हैं।

अतः मेरी राय है कि किसी भी तरह का सपना जाग्रत अवस्था में व दिन में देखने चाहिए, क्योंकि जाग्रत अवस्था में आपकी सारी इन्द्रियाँ क्रियाशील होती हैं और आपको सारी बातें याद रहती हैं।

दिन में उस बात का सपना देखना चाहिए, जिस बात को आप पाना चाहते हैं या आप उसकी इच्छा रखते हैं। मिसाल के तौर पर फिल्म इण्डस्ट्री में : –

1. आप एक महान अभिनेता बनना चाहते हैं।
2. आप एक महान खलनायक बनना चाहते हैं।
3. आप एक महान कामेडियन बनना चाहते हैं।
4. आप एक संगीतकार बनना चाहते हैं।
5. आप एक महान गायक बनना चाहते हैं।
6. आप एक महान गीतकार बनना चाहते हैं।

उपर्युक्त किरदारों में से जो भी आप बनना चाहते हैं, मात्र एक ही किरदार का सपना देखें, न कि आप सारे किरदारों का सपना एक साथ देखें। अगर आप सारे सपने एक ही साथ देखेंगे, तो न आप घर के रहेगें और न ही घाट के। अतः आप जो भी बनना चाहते हैं, मात्र उसी का सपना देखें। दिन में सपना देखने का

मतलब है, जो भी आप बनना चाहते हैं या जिस मंजिल पर आप पहुँचना चाहते हैं, मात्र उसी के बारें में सोचें व मात्र उसी की प्राप्ति के लिए प्रयत्न करें। अतः अगर आपकी सोच को सच्चाई में परिवर्तित करने की शक्ति है, निश्चय ही आप उसको प्राप्त करने में सफल होंगे, अन्यथा आप कुछ भी नहीं प्राप्त कर पाएँगें।

मिसाल के तौर पर, आपने फिल्म इण्डस्ट्री में रमेश बांगिया का नाम सुना होगा। शुरू–शुरू में रमेश बांगिया ने गायन में नाम कमाया, क्योंकि उनकी आवाज में गायकी का दम है। फिर उसके बाद वह इक्का–दुक्का फिल्मों में हीरो के रूप में नजर आये। फिर उसके बाद उन्होंने स्टेज पर शो किये। छोटे परदे यानि टी.वी. पर प्रोग्रामों की एंकरिंग की। मगर आज वे कहीं नजर नहीं आते, सिवाय कभी–कभार गाना गाते हुए। कहने का तात्पर्य है, अगर रमेश बांगिया मात्र गायन क्षेत्र में होते तो शायद वे महान गायक, मौहम्मद रफी, मुकेश, मन्नाडे व किशोर कुमार आदि के आस–पास अपनी जगह बनाते। मगर लगता है उपर्युक्त सारे सपने उन्होंने रात्रि में देखे होगें कि मैं भी किशोर कुमार जैसे महान् बनूँ।

इसी प्रकार मेरी राय है कि जो भी व्यक्ति जिस भी क्षेत्र में ऊँचाइयों पर पहुँचना चाहते हैं, वह अपने जीवन के प्रारम्भिक समय में एक विशेष सपना दिन के उजाले में देखें, जब कुछ बनने की शुरूआत होती है और जो एक बार सोच ले कि मुझे अमुक मंजिल पर पहुँचना है, वह बार–बार अपनी सोचों को न बदले। लगातार मंजिल प्राप्त करने के लिए संघर्ष करे, निश्चय ही सफलता उसके कदमों को चूमेगी अन्यथा असफलता आपका मजाक उड़ाएगी।

❖❖❖

2. हाई-फाई लोगों से सम्पर्क बनाएँ

अगर आपको जीवन के प्रत्येक क्षेत्र में (तन–मन–धन) प्रगति करनी है, तो अपने से उच्च वर्ग के लोगों से सम्पर्क बनाएँ। चाहें वे उच्च वर्ग के लोग आपके ऑफिस में हों, आपकी कम्पनी में हों, आपके मोहल्ले में हों या आपके व्यापार के क्षेत्र में हों, उनसे लगातार सम्पर्क बनाए रखें।

इसी प्रकार अगर आप जवान हैं, मगर आपका साथ एक वृद्ध व्यक्ति से है, तो आप पाएँगे कि कुछ ही समय पश्चात् आपकी बातचीत करने का ढंग, आपके द्वारा पहने गए कपड़े, आपके चलने का तरीका व आपके खाने का ढंग व अन्य काफी बातें भी उस वृद्ध व्यक्ति के जैसे हो जाएँगे और आप समय से पहले जवानी में ही बूढ़े नजर आएँगे।

एक उदाहरण मैं फिल्म इण्डस्ट्री का देता हूँ। फिल्म कलाकार श्री देवानन्द की उम्र इस समय करीब 82 वर्ष है। चाहे वे 82 वर्ष में वृद्ध नजर आते हैं, मगर आज इस उम्र में भी वे जवान व खूबसूरत हीरो–हीरोइनों को लेकर अपनी फिल्में बना रहे हैं। आज भी उन्हें फिल्म इण्डस्ट्री में ''सदाबहार हीरो'' कहा जाता है, क्योंकि उन्होंने अपनी सोच ऐसी बनाकर रखी है कि इस अवस्था में भी वे फिल्में बना रहे हैं।

एक उदाहरण मैं आपको और दूँगा। अगर आपकी उम्र 40–45 साल के आस–पास है और आप 20–25 साल के नौजवानों से अपने सम्बन्ध रखते हैं, तो कुछ ही महीने बाद आप पाएँगे, आप अपने आपको एक नौजवान, समझने लग जाएँगे। आपकी बातचीत का ढंग, पहनने का ढंग व हर चीज आपकी बदल जाएगी।

इसी प्रकार अगर आप पैसे वाले बनना चाहते हैं, व्यापार के क्षेत्र में तरक्की करना चाहते हैं, तो हाई–फाई व्यक्तियों के सम्पर्क में रहें। कुछ ही समय बाद अपने आप में काफी बदलाव पाएँगें। आपको लगेगा कि आप भी एक बड़े सफल बिजनेस मैन बन सकते हैं।

अतः मेरी सोच है कि अगर आप जीवन के प्रत्येक क्षेत्र में तरक्की करना चाहते हैं, तो अपने से उच्च लोगों से दोस्ती बनाएँ।

❖❖❖

3. संकल्प और लक्ष्य

जब भी कोई नवयुवक अपनी शिक्षा वगैरह समाप्त करते हैं व उसके बाद जीविका कमाने के लिए जो भी सामने रास्ता नजर आता है, बिना ज्यादा सोचे–विचारे जीविका के किसी भी क्षेत्र में प्रवेश कर जाते हैं, चाहे वह क्षेत्र उनकी पसन्द का हो या न हो। आमतौर पर ऐसा ही होता है। ऐसे व्यक्तियों को अपनी आमदनी का एक बढ़िया जरिया बनाने का कोई सपना नहीं होता और काफी समय बीत जाने के बाद जब होश आता है तो कहते हैं कि हमने तो ऐसा क्षेत्र चुना ही नहीं, जिस पर चलकर हम आर्थिक रूप से सम्पन्न होते। ऐसे व्यक्तियों का ऐसा समय भी आता है, जब कि जीविका के सही क्षेत्र चुनने का उनका समय निकल चुका होता है। सिवाय पछताने या हाथ मलने के अलावा उनके पास और कोई भी चारा नहीं रहता है। बिना सोचे–विचारे, आँख बन्द करके अपने विवेक पर ज्यादा जोर डाले बिना, ऐसे युवक नौकरी या व्यापार के छोटे–मोटे क्षेत्र में चले जाते हैं, जहाँ उनको ज्यादा रुपया–पैसा नहीं मिलता और न ही वे कोशिश करते हैं कि अच्छी नौकरी में चले जायें या कोई अच्छा–सा ऐसा बिजनेस करें, जिसमें अच्छा पैसा मिलता है। ऐसे युवक वे होते हैं, जिन्होंने जीविका के क्षेत्र में अपनी कोई मंजिल बनाई ही नहीं कि हमें उस ऊँचाई तक पहुँचना है। ऐसे लोग जहाँ से चलते हैं, आखिर तक वहीं रहते हैं, कुछ उन्नति नहीं करते।

इसके विपरीत कई ऐरो युवक होते हैं, जो किसी भी क्षेत्र में नौकरी करने से पहले या किसी भी व्यापार में जाने से पहले स्वयं तो खूब सोचते ही हैं, दूसरों से भी, चाहे वो दोस्त हों, बड़े भाई हों या अपने पापा से उन सबसे सलाह–मशविरा करके फिर बिजनस या सर्विस को चुनते हैं, जिस पर चलकर वह काफी पैसा कमाते हैं।

अतः लेखक की राय है कि पढ़ाई समाप्त करने के बाद जिस भी क्षेत्र में जाना चाहते हैं, पहले उस क्षेत्र के बारे में पूरी जानकारी प्राप्त करें और सही दिशा प्राप्त करने के बाद उस क्षेत्र में कैसे तरक्की की जा सकती है, उस बारें में यह ज्ञान प्राप्त करें और अपने जीवन में यह धारणा कर लें कि मुझे अमुक मंजिल पर पहुँचना है। तब लगातार बड़ी मेहनत व लगन के साथ अपनी मंजिल पर चल पड़ें। मंजिल उसे जरूर मिलेगी, चाहे मंजिल पर पहुँचने से पहले, कितनी ही दिक्कतों का सामना उसे क्यों न करना पड़े।

❖❖❖

4. नये उद्यमियों को विशेष परामर्श

इस लेख द्वारा मैं नये उद्यमियों को एक संदेश देना चाहता हूँ कि अगर वे किसी भी नये कंज्यूमर प्रोडक्ट का उत्पादन करने जा रहे हैं, तो इस लेख को जरूर पढें, मेरा पक्का विश्वास है कि शुरू–शुरू में उन्हें मेहनत तो जरूर करनी पड़ेगी, मगर मार्केट में उस प्रोडक्ट को ज्यादा रिस्पांस मिलेगा।

मान लीजिए, आप मोमबत्ती, शेविंग क्रीम, टूथपेस्ट, टूथपाउडर, मंजन, टूथब्रुश, फिनाइल, मच्छर मारने की क्रीम, अगरबत्ती, धूप–अगरबत्ती, बूट पालिश, हेयर रिमूवर क्रीम, कोल्ड क्रीम आदि किसी भी चीज का उत्पादन करने जा रहे हैं। इन चीजों का यूनिट लगाने से पहले आप 10 बार सोच लें, क्योंकि इस प्रकार के प्रोडक्ट्स से मार्केट भरा पड़ा है। बड़ी–बड़ी कम्पनियों ने विज्ञापन व अपनी साख के दम पर मार्केट पर कब्जा कर रखा है। आपको अपना प्रोडक्ट बेचने में काफी दिक्कत आएगी।

अतः इस लेख द्वारा मैं उन सभी नये उत्पादनकर्ताओं को परामर्श दूँगा कि वे किसी भी यूनिट को लगाने से पहले मार्केट में अच्छी तरह घूम–फिर कर सर्वे करें व सेल्स से सम्बन्धित व्यक्तियों से सलाह–मशविरा करें कि ऐसे कौन–से प्रोडक्ट का उत्पादन किया जाये, जो मार्केट में कम मात्रा में हो व आपकी वैरायटी एक दम नई हो। तभी आप सफल हो सकते हैं, जब आपके प्रोडक्ट के सामने, कम्पीटीशन के लिए ज्यादा प्रोडक्ट न हों।

❖❖❖

5. आत्मा की आवाज सुनें

आपने महसूस किया होगा, जब भी आप किसी असमंजस में होते हैं, तो आप दुविधा में फँस जाते हैं कि आप क्या करें। आप नीचे लिखी बात पर गौर करें और खुद महसूस करें।

मान लीजिए, आप शराब नहीं पीते और कभी आपके जीवन में ऐसा समय आ पड़े, जब कोई आपको शराब पीने के लिए मजबूर करे, तो हो सकता है, उसकी बातों में आकर आप शराब पीने को तैयार हो जायें। मगर जैसे ही आप शराब पीने के लिए मात्र सोचेगें, अन्दर से आपकी आत्मा आपको संकेत देगी कि आप शराब न पियें, यह आपके लिए नुकसानदायक है। ज्यादातर व्यक्ति अपनी आत्मा की आवाज को नहीं सुनते और जो काम नहीं करना चाहिए, कर बैठते हैं। बाद में नुकसान होने पर पछताना पड़ता है कि अगर मैं अपने अन्दर की आवाज को मान लेता, तो मुझे यह नुकसान नहीं उठाना पड़ता।

अतः आपका जीवन सुचारु रूप से चले, आप इस बात की आदत डालें कि हमें अपनी आत्मा की आवाज को सुनकर उस पर अमल करना है। मेरा विश्वास है आपके जीवन में कभी दुःख नहीं आएँगें, आजमा कर देखें। जिस तरह जो व्यक्ति अपनी आत्मा के द्वारा कही बात पर चलता है, वह जीवन में कभी दुःख नहीं उठाता। उसी प्रकार कभी किसी गम्भीर विषय पर कोई आपको सलाह दे कि आप ऐसा न करें, आप असमंजस में पड़ जाएँगे कि आप ऐसा करें या न करें। इस कारण मेरी मान्यता है कि सलाह मानें अपने मन की यानि जो आपकी आत्मा आपको इशारा करे।

ऐसा न हो कि किसी ने यह कह दिया यह काम न करें, दूसरे ने कह दिया कि यह काम जरूर करें। अतः आप सारी बातों का निर्णय लेने के लिए अपनी आत्मा पर डाल दें। वह आपको सही रास्ता दिखाएगी, ऐसी मेरी मान्यता है, महसूस करके देखें।

❖❖❖

6. असफलता ही सफलता की गारंटी

जिस भी व्यक्ति ने जीवन में सफलता का सुख भोग लिया, वह हमेशा सफल ही रहेगा, ऐसा कम ही होता है। क्योंकि सफलता व असफलता जीवनचक्र में एक ही सिक्के के दो पहलू होते हैं। अगर कोई व्यक्ति ज्यादातर असफल रहा है और असफलता के बाद जब उसे सफलता मिलती है, तब वह सफलता की कीमत को समझ सकता है कि सफलता कितनी मूल्यवान है।

जिस तरह सुख और दु:ख जीवन के दो पहलू हैं, उसी तरह सफलता और असफलता भी जीवन के दो पहलू हैं।

एक व्यक्ति जीवन में काफी समय तक असफल रहा। एक बार उसने देखा कि एक छोटी–सी चींटी दीवार पर चढ़ने की कोशिश कर रही थी और गिर गई तथा 17 बार नीचे गिरी व 17 बार ऊपर चढ़ी, मगर उसने दीवार पर चढ़ना नहीं छोड़ा और 18वीं बार वह दीवार पर चढ़ गई एवं दीवार के दूसरे पार पहुँच गई। उस असफल व्यक्ति को उस चींटी से प्रेरणा मिली और उसने अपने जीवन में फिर से प्रयत्न करने शुरू कर दिये, अन्त में वह सफल हो गया।

❖❖❖

7. डायरी लिखें

आमतौर पर डायरी में जो कुछ भी लिखा जाता है, वह अलग–अलग व्यक्तियों पर निर्भर करता है कि वह अपनी डायरी में क्या लिखे।

मैं यहाँ कहूँगा कि अगर आप चाहते हैं कि आप आने वाले समय में तरक्की करें, आप एक डायरी ऐसी बनाएँ, जिसमें आप अपने कैरियर सम्बन्धी सारी बातें लिखें। आपको जीवन में क्या बनना है, कैसी शिक्षा प्राप्त करनी है, किसी भी संस्थान में अपना कैरियर बनाने के लिए क्या प्रयत्न किया, उसका क्या परिणाम रहा। आपमें क्या कमी रही, जिसकी वजह से ऊँचे संस्थान में नहीं जा सके, अब भविष्य में क्या करना है– सारी बातों का ब्यौरा आप समय–समय पर डायरी में लिखते रहें, ताकि समय–समय पर आप यह देख सकें कि आपने पिछले समय में क्या–क्या किया, क्यों सफलता नहीं मिली या क्यों सफलता मिली। यह कैरियर सम्बन्धी डायरी आप जीवन भर के लिए **Maintain** करें। सफल कैरियर बनाने में यह डायरी बड़ी सहायक होगी।

❖❖❖

8. पहले कैरियर

अगर जीवन में आपको एक सफल व्यक्ति बनना है, तो आपको थोड़ा लीक से हट कर चलना पड़ेगा, तभी आप सफल हो सकते हैं।

आमतौर पर हमारे समाज में एक युवक की शादी 25 साल के आस–पास होती है। शादी के बाद युवक की क्या हालत होती है, मुझे यहाँ लिखने की जरूरत नहीं है, हर कोई जानता है। मैं तो केवल इतना ही कह सकता हूँ कि शादी के बाद व्यक्ति कोल्हू का बैल हो जाता है। कोल्हू के बैल के बारे में आपको मालूम होगा कि कोल्हू द्वारा तेल निकालने का काफी पुराना तरीका है, जिसमें एक लकड़ी का एक बड़ा पीस बैल के गले में लटकी रस्सी से बाँध दिया जाता है। बैल उस लकड़ी के द्वारा गोल चक्कर में दिन भर घूमता है। जिस चीज का तेल निकालना होता है, लकड़ीनुमा गोल घेरे के बीच रख दिये जाते हैं। बैल दिन भर गोलाई में घूमता है व उसके गले में बँधे लकड़ी के द्वारा उन बीजों से तेल निकलता है। बैल की ड्यूटी है कि वह दिन भर गोलाई में घूमे और तेल निकलता रहे। कोल्हू द्वारा तेल निकालने की जो पोजीशन एक बैल की होती है, शादी के बाद वही पोजीशन एक नवयुवक की हो जाती है। शादी की चक्री के अलावा उसे और कुछ नजर नहीं आता। अतः जो युवक चाहते हैं कि शादी के समय उसका अपना एक मकान हो, स्कूटर, कार व आवश्यक सारी चीजें हों और उसके साथ उनकी अच्छी आमदनी हो, ताकि शादी के बाद वह अपने परिवार के साथ एक अच्छा जीवन गुजार सके और एक गृहस्थी की गाड़ी बढ़िया तरीके से चला सके, तो उसे अपने जीवन में यह निर्णय लेना पड़ेगा कि मैं शादी तब करूँगा, जब मैं अपना कैरियर बना लूँगा।

अतः अगर आप एक अच्छा जीवन व्यतीत करना चाहते हैं, तो लेखक की राय में शादी देर से करें ताकि आप शादी से पहले अपने गृहस्थी की गाड़ी को सुचारु रूप से चलाने के लिए सभी चीजों का इन्तजाम कर सकें।

9. निरोगी काया

निरोगी काया का मतलब है– 'स्वास्थ्य ही असली धन है''। कहावत बहुत पुरानी है, मगर यह बात पहले भी सच थी, आज भी सच है और आगे भी अच्छे स्वास्थ्य का महत्त्व हमेशा बना रहेगा।

अगर आप चाहते हैं कि आपका मन हमेशा खुश रहे, आप जीवन में खूब कमायें व आपका शरीर भी तन्दरुस्त रहें ताकि आप जीवन का सुख भोग सकें, तो आपको अपने स्वास्थ्य के लिए हमेशा सचेत रहना पड़ेगा।

पहले तो आप यह देखें कि शरीर तन्दरुस्त कैसे रहता है?

1. रात को ज्यादा देर से न सोयें।
2. रात को भोजन करने के दो घंटे बाद सोयें।
3. अगर आप अविवाहित हैं, तो सोने से पहले न तो अश्लील साहित्य पढ़ें और न ही टी.वी. व इण्टरनेट पर अश्लील प्रोग्राम देखें।
4. सोने से पहले परम पिता परमेश्वर या गुरु मंत्र का जप करें।
5. प्रातःकाल सूर्य उदय होने से पहले उठें।
6. खाली पेट पानी पियें।
7. बाग–बगीचे में नंगे पाँव सैर करें या खुले स्थान में तेज कदमों से सैर करें।
8. स्वास्थ्यवर्धक हल्का नाश्ता निश्चित समय पर करें।
9. जो भी आपकी दिनचर्या हो, मेहनत और ईमानदारी से करें।
10. दोपहर का भोजन निश्चित समय पर करें।
11. दिन भर में चाय का सेवन कम से कम करें।

12. शाम को हल्का स्वास्थ्यवर्धक नाश्ता करें।

13. दिन के मध्य में मौसम अनुसार सलाद व फल खूब खायें।

14. रात के समय निश्चित समय पर भोजन करें व निश्चित समय पर सो जायें।

15. शराब, भाँग, गाँजा, चरम, हेरोइन, बीड़ी, सिगरेट, तम्बाकू, गुटका आदि का सेवन बिल्कुल न करें।

16. अविवाहित अवस्था में पुरुष, स्त्रियों के साथ शारीरिक सम्बन्ध न रखें।

17. तेलो में तले व मिर्च मसालेदार भोजन न करें।

18. आप जिस भी क्षेत्र में हैं, उससे सम्बन्धित साहित्य का रोजाना अध्ययन करें।

जो भी युवक उपर्युक्त लिखी बातों पर अमल करता है, लेखक का अनुभव व विश्वास है कि उसका तन निरोगी होने के कारण आपके मन व धन में दिन प्रतिदिन विकास होगा।

आज के 30–40 वर्ष, पहले लोगों का जीवनचक्र आज के मुकाबले से अलग था। सुबह उठने के बाद नवयुवक अपनी छोटी अवस्था में ही नित्य शरीर की तेल मालिश करके अखाड़ों में दण्ड बैठक लगाने व आपस में कुश्तियाँ करने निकल पड़ते थे। चाय का प्रचलन कम था, ज्यादातर युवक असली दूध, दही, मलाई, मक्खन, सूखे मेवे आदि का सेवन करते थे, युवकों व आम लोगों के चेहरों पर चमक होती थी। मगर दुःख की बात है कि आज के युवकों के चेहरों पर वो रौनक नजर नहीं आती। जवानी में ही आधे बुड्ढे नजर आते हैं। कारण–पहले के मुकाबले सब उल्टा हो रहा है।

मगर आज भी अनेकों युवक हैं, जो अपने स्वास्थ्य के प्रति सचेत रहते हैं और जो सचेत रहते हैं, उनका तन–मन व धन हमेशा उन्नति की ओर अग्रसर रहता है।

इसलिए लेखक की राय है कि चाहें बच्चे हों, लड़कियाँ हों, युवक हों, स्त्री हों, चाहें वृद्ध अवस्था में हों, सब स्वास्थ्य के नियमों का पालन करें ताकि वे निरोगी रहकर जीवन का आनन्द प्रसन्नतापूर्वक भोग सकें। श्रेष्ठ कैरियर बनाने के लिए आपका शरीर निरोगी होना जरूरी है। ❖❖❖

10. सकारात्मक सोच

अगर जीवन में सफलता प्राप्त करनी है व उन ऊँचाइयों पर पहुँचना चाहते हैं, जिसके लिए आप रात–दिन प्रयत्न कर रहे हैं, तो आपके विचार, आपकी सोच, आप द्वारा किये जाने वाले कर्म, हमेशा यही होने चाहिए कि मैं अपनी मंजिल पर जरूर पहुँचूँगा, चाहे राहों में कितनी ही बाधाएँ क्यों न आएँ। आप किसी से सलाह भी लें, अगर उस व्यक्ति की नकारात्मक सोच है, आप उससे किसी प्रकार का सलाह–मशविरा न करें। आप अपना सम्पर्क ऐसे लोगों के साथ रखें, जिनकी सोच सकारात्मक होती है। अगर आप का साथ ऐसे व्यक्तियों से है, जो जिंदगी के क्षेत्र में हमेशा ही असफल रहे हैं या जो कर्म करने में विश्वास ही नहीं करते, ऐसे लोग कभी भी जीवन में सफल नहीं होते। मंजिल पर वही लोग पहुँचते हैं, जिनकी सोच हमेशा सकारात्मक रहती है। नकारात्मक सोच रखने से आपको हमेशा निराशा ही हाथ लगेगी।

मान लीजिए, आपको सामने की एक पहाड़ी की चोटी पर पहुँचना है और आप यह सोचते हैं कि मैं तो चढ़ नहीं सकता। रास्ता ठीक नहीं है, कोई सीधा रास्ता नहीं है, सीढ़ियाँ भी नहीं हैं। मैं चढूँगा कैसे? तो पक्का समझिए आप पहाड़ी की चोटी पर कभी नहीं चढ़ सकते और अगर आप ऐसा सोचते हैं कि पहाड़ी पर चढ़ना बहुत आसान है, चाहे रास्ते में टेढ़े–मेढ़े पत्थर हैं, चढ़ाई भी एक दम सीधी है, चाहे मुझे कितना भी समय क्यों न लग जाए, मगर मैं पहाड़ी पर चढ़कर रहूँगा व चोटी पर जरूर पहुँचूँगा। इस बात में कोई शक नहीं है कि आप सकारात्मक सोच के कारण ही आखिर पहाड़ी की चोटी पर पहुँच ही जाएँगे। अगर ऐसा न होता तो माउण्ट एवरेस्ट, जो कि दुनियाँ में सबसे ज्यादा ऊँचाई पर स्थित है, वहाँ पर लोग पहुँच ही न पाते। अतः अच्छा कैरियर बनाने के लिए आपकी सोच का सकारात्मक होना जरूरी है।

❖❖❖

11. नशा करें

विषय को पढ़कर आप सोचेंगे की लेखक स्वयं नशा करता होगा, तभी नशा करने के लिए लिख रहा है। लेकिन मैं इस लेख में, शराब, बियर , व्हिस्की, भाँग, गाँजा, चरस, अफीम, कोकीन, हेरोइन, तम्बाकू, बीड़ी, सिगरेट आदि का नशा करने के लिए नहीं लिख रहा हूँ। मैं निम्नलिखित बातों का नशा करने के लिए लिख रहा हूँ ताकि आप इन चीजों को अपने जीवन में, अपने तन–मन व धन का विकास करके जीवन को सुचारु रूप से चला सकें और जीवन का आनन्द उठा सकें।

नशा निम्नलिखित बातों का करें :

1. आप एक सच्चे कर्मयोगी बनें।
2. दिन भर खूब मेहनत करें, चाहें आप किसी भी क्षेत्र में क्यों न हों
3. प्रत्येक कार्य ईमानदारी से करें।
4. आप समय के पाबन्द रहें।
5. सपने दिन में व जाग्रत अवस्था में देखें।
6. जिस भी क्षेत्र में आप हैं, उससे सम्बन्धित साहित्य हमेशा पढ़ें।
7. आपकी प्रवृत्ति धार्मिक होनी चाहिए।
8. जिस भी बात का आप संकल्प करें, उसे पूरा करें अन्यथा संकल्प ही न करें।
9. आप का स्वभाव नम्र होना चाहिए।
10. क्रोध तो कभी न करें।

11. हमेशा चेहरे पर मुस्कराहट रखें।

12. परमात्मा पर विश्वास रखें।

13. किसी भी निर्णय पर पहुँचने से पहले अपनी आत्मा की आवाज को सुनें।

14. ऐसी कोई भी वस्तु आप अपने शरीर में न डालें, जिससे आपके शरीर की मशीनरी खराब हो जाये।

15. जरूरतमंदों की सहायता करें।

16. कोई न कोई समाज सेवा जरूर करें।

17. आपकी पर्सनेलिटी हैंडसम होनी चाहिए।

18. हमेशा अपने से ज्यादा समझदार, तुजर्बेकार, पैसे वाले व सकारात्मक सोच वालों के सम्पर्क में रहें।

19. हमेशा वनस्पति, मौसमी सब्जियों व फलों का प्रयोग करें।

मेरा विश्वास है, अगर आप उपर्युक्त बातों को अपने जीवन में उतारते हैं, तो निश्चय ही आप हर क्षेत्र में सफल होंगे।

❖❖❖

6

अन्य विषयों पर

1. राज्य सरकारों व केन्द्र सरकार से अनुरोध

इस लेख द्वारा मैं भारत की समस्त राज्य सरकारों व केन्द्र सरकार से अनुरोध करता हूँ कि वे अपने–अपने राज्यों में एक ऐसा विभाग बनाएँ, जो इस बात पर नजर रखे कि किसी भी उत्पादनकर्ता द्वारा बनाये गये प्रोडक्ट की प्रोडक्शन कीमत क्या है? व किस कीमत पर प्रोडक्ट एक उपभोक्ता को बेचा जाता है।

मेरे अनुभव के आधार पर कि ज्यादातर कंज्यूमर प्रोडक्ट की प्रोडक्शन कीमत बहुत कम होती है और उस प्रोडक्ट को उपभोक्ता को बहुत ऊँचे भावों में बेचा जाता है। 'मिसाल के तौर पर' एक बढ़िया आलू की कीमत दस रुपये प्रति किलो है, जबकि कम्पनियाँ उसी आलू के चिप्स बनाकर 200 रुपये प्रति किलो बेच रही हैं।

यह तो मात्र एक उदाहरण है, ऐसे अनेकों प्रोडक्ट्स हैं, जिनकी प्रोडक्शन कीमत बहुत कम होती है व यह प्रोडक्ट बहुत ही ऊँचे दामों पर उपभोक्ता को बेचा जाता है।

अतः सरकारों से अनुरोध है कि इन सब प्रोडक्ट्स का खुदरा मूल्य कम कराएँ, जिससे भारत की गरीब जनता को मँहगाई से राहत मिल सके, क्योंकि यह सच्चाई है कि अमीर आदमी और अमीर होता जा रहा है व गरीब और भी गरीब होता जा रहा है।

❖❖❖

2. शताब्दी का महान् कलाकार : अमिताभ बच्चन

महान् अभिनेता 'अमिताभ बच्चन' के बारे में कुछ लिखना चाँद के सामने मोमबत्ती की रोशनी करने के समान है।

इस लेखक में मैं महान् अभिनेता 'अमिताभ बच्चन' के उन गुणों को लिख रहा हूँ, जिसके दम पर आज ''अमिताभ बच्चन'' इस मुकाम पर हैं।

लेख में उनके गुणों को लिखने का मकसद मात्र एक ही है, शायद आप भी उनके गुणों को अपना कर, अपने–अपने क्षेत्रों में उन ऊँचाइयों पर पहुँच सकें, जिन ऊँचाइयों पर आज ''अमिताभ बच्चन'' हैं। उनमें से दस विशेषताएँ इस प्रकार हैः–

1. परमात्मा पर पूर्ण विश्वास
2. सबको यथासम्भव आदर देते हैं
3. माता–पिता की सेवा परम धर्म
4. सबके मददगार
5. सच्चे कर्मयोगी
6. हमेशा कुछ नया करने की इच्छा
7. असफलता से नहीं घबराते
8. अति नम्र स्वभाव
9. संगीत प्रेमी
10. अपने अतीत को नहीं भूलते।

मैं उम्मीद करता हूँ कि आप सभी उनके गुणों को अपने जीवन में अपना कर अपने जीवन को तो सफल करेगें ही, दूसरे लोग भी आपका अनुसरण करेंगे। इसी तरह आपकी मिसालें भी दूसरों को दी जाएँगी।

❖❖❖

3. समझदार कौन?

उत्पादनकर्ता व कम्पनियों के मार्केटिंग मैनेजर एयर कंडीशन आफिसों में बैठकर, साल का लाखों रुपया वेतन लेकर, प्रोडक्ट की अपनी तरफ से बेस्ट प्लानिंग बनाते हैं। उनका सोचना होता है कि नीचे की सारी कड़ी के लोग एरिया सेल्स मैनेजर से लेकर एक–एक उपभोक्ता तक सब नासमझ हैं, बिजनेस करना हम जानते हैं, केवल हम ही समझदार हैं।

इसी तरह रीजनल सेल्स मैनेजर, सेल्स आफिसर, सेल्समैन, सुपर डिस्ट्रीब्यूटर से लेकर रिटेलर तक, सबका कहना व सोचना होता है कि प्रोडक्ट को बेचना हम जानते हैं, बाकी के लोग सब नासमझ हैं, केवल हम ही समझदार हैं।

मेरा ऐसा मानना है वास्तव में सबसे ज्यादा समझदार एक उपभोक्ता होता है, जो मात्र एक ही बार के प्रयोग में प्रोडक्ट को फेल या पास कर देता है। ठीक उसी तरह जिस तरह करोड़ों रुपया खर्च करके एक प्रोड्यूसर व डाइरेक्टर अपनी तरफ से अच्छी फिल्म बनाता है, मगर दर्शक मात्र 2 या 2–30 घंटों में फिल्म को पास या फेल कर देता है।

इसलिए प्रोडक्ट को फेल या पास करने में एक आम उपभोक्ता सबसे ज्यादा समझदार होता है, क्योंकि उसे कम पैसों में सुन्दर, अच्छा व सस्ता माल चाहिए।

❖❖❖

4. विभिन्न कंज्यूमर प्रोडक्ट्स में 'हिन्दुस्तान का बादशाह कौन'?

आज के 15–20 वर्ष पहले, विभिन्न कंज्यूमर प्रोडक्ट्स के लिए गिनी–चुनी कम्पनियाँ होती थीं। कंज्यूमर प्रोडक्ट्स जैसे साबुन, चाय, टूथपेस्ट, बिस्कुट, डिटरजेण्ट पाउडर, शैम्पू, टेलकम पाउडर, बालों के विभिन्न प्रकार के सौंदर्य प्रसाधन आदि अनेक प्रोडक्ट्स के लिए 2–4 कम्पनियों में थोड़ा–बहुत कम्पीटीशन था। कोई एक कम्पनी से एक कदम आगे थी व दूसरी कम्पनी एक कदम पीछे। व्यापार में आपसी प्रतिस्पर्द्धा कम थी। जिस कम्पनी का माल दूसरी कम्पनी से ज्यादा बिकता था, तो वह कह सकता था कि इस माल के सेल्स के मामले में हमारी कम्पनी, दूसरी कम्पनियों से आगे है।

मगर अब अनेकों नई कम्पनियों के आ जाने के कारण नई कम्पनियों ने निश्चय ही पुरानी बड़ी–बड़ी कम्पनियों की सेल्स का एक बड़ा हिस्सा अपनी तरफ खींच लिया है। बड़ी–बड़ी कम्पनियों के प्रोडक्ट्स की सेल्स पर जबरदस्त प्रभाव पड़ा है। हरेक प्रोडक्ट्स के पीछे कई और प्रोडक्ट्स की लाइन लगी पड़ी है और ऐसा लगता है आने वाले समय में नई कम्पनियाँ सेल्स के मामले में पुरानी बड़ी–बड़ी कम्पनियों को पछाड़ देंगी।

अतः कोई भी कम्पनी यह नहीं कह सकती कि हमारी कम्पनी का प्रोडक्ट सेल्स के मामले में ''हिन्दुस्तान का बादशाह है।''

5. उत्पादनकर्ता से लेकर उपभोक्ता तक एक "चेन सिस्टम"

किसी भी प्रोडक्ट के लिए उत्पादनकर्ता से लेकर उपभोक्ता तक एक चेन–सिस्टम कार्य करता है। इस चेन में निम्नलिखित कड़ियाँ हैं, जो एक–दूसरे से अटैच होती हैं। अगर इस चेन की एक भी कड़ी टूट जाये, तो किसी भी बिजनेस का सारा सिस्टम ही रुक जाएगा। इस चेन की कड़ियाँ निम्नलिखित हैं:–

1. उत्पादनकर्ता
2. सी एंड एफ
3. सुपर डिस्ट्रीब्यूटर या सुपर स्टाकिस्ट
4. डिस्ट्रीब्यूटर या स्टाकिस्ट
5. थोक विक्रेता
6. रिटेलर (दुकानदार)
7. उपभोक्ता

ये वे सात कड़ियाँ हैं, जो मिलकर एक चेन–सिस्टम बनाते हैं। इसमें से एक कड़ी भी अपना रोल निभाना बन्द कर दे, तो मार्केट में किसी भी प्रोडक्ट को बेचने में दिक्कत आएगी।

नीचे मैं इन उपर्युक्त सातों कड़ियों की कार्य प्रणाली के बारे में संक्षेप में लिख रहा हूँ।

1. उत्पादनकर्ता :

किसी भी प्रोडक्ट को बनाने वाला 'उत्पादनकर्ता' कहलाता है। उत्पादनकर्ता की यह कोशिश होती है कि वे कम से कम कीमत में अपनी तरफ से अच्छा माल तैयार करके, आगे की कड़ी सी.एंड एफ या सुपर डिस्ट्रीब्यूटर को माल पहुँचाये। एक अच्छा व सस्ता प्रोडक्ट बनाने में उत्पादनकर्ता का स्वयं का अनुभव ज्यादा काम आता है। अगर उसके पास कम पैसा है, वह पूँजी का इन्तजाम करता है व उस प्रोडक्ट के अनुभवी व्यक्तियों को काम पर रखता है, प्रोडक्ट की क्वालिटी, बढ़िया पैकिंग, कम रेट में माल बनाना, उत्पादन में कम से कम खर्चा हो, ये सब उत्पादनकर्ता के स्वयं के ऊपर निर्भर करता है।

मेरी राय में उत्पादनकर्ता को उस वस्तु का उत्पादन करना चाहिए, जिसका उसे स्वयं का तजुर्बा हो। इससे उसके सफल होने के ज्यादा चांसेज हैं। इसके साथ–साथ वह उस प्रोडक्ट के विशेषज्ञों की भी सेवाएँ ले सकता है।

2. सी.एड.एफ. :

मान लीजिए उत्पादनकर्ता दिल्ली में माल तैयार करता है और उसे भारत के अन्य राज्यों में भी माल बेचना चाहता है, तो उसे एक पार्टी या फर्म ऐसी चाहिए, जो उसके द्वारा भेजे गये माल को राज्य के अन्य शहरों में स्थित डिस्ट्रीब्यूटरों को माल भेज सके। उत्पादनकर्ता उस राज्य में एक ऐसी फर्म की तलाश करता है, जिसके पास अपना गोदाम, ऑफिस, काम करने वाला स्टाफ, कम्प्यूटर, फोन व सप्लाई वैन की व्यवस्था हो। इसे ही 'सी.एड.एफ.' कहते हैं। पहले तरीके से उत्पादनकर्ता अपनी इच्छानुसार माल सी.एड.एफ को भेज देता है। सी.एड.एफ. अपने गोदाम के हिस्से में सारा माल रखकर उसके बाहर उत्पादनकर्ता के नाम का एक छोटा–सा बोर्ड लगा देता है।

उत्पादनकर्ता से सी.एड.एफ को दो तरीकों से माल आता है। सेल्स टैक्स नम्बर वगैरह भी उत्पादनकर्ता के नाम से होता है। डिस्ट्रीब्यूटर के भेजे जाने वाले माल की बिलिंग भी उत्पादनकर्ता के बिल से होती है। सी.एड.एफ. के खर्चे जैसे गोदाम का किराया, टेलीफोन का बिल, ट्रांसपोर्ट द्वारा माल के आने जाने के खर्चे, रिप्लेसमेण्ट खर्चों व मार्केटिंग आदि विज्ञापन के खर्चे उत्पादनकर्ता को करने पड़ते

है। सी.एड.एफ. एक निश्चित कमीशन, होने वाली बिक्री पर उत्पादनकर्ता से लेता है। यानि उत्पादनकर्ता द्वारा भेजे जाने वाले माल को प्राप्त करना व आगे डिस्ट्रीब्यूटरों को माल भेजना सी.एड.एफ. का कार्य होता है। ऐसी प्लानिंग में चूँकि बिलिंग उत्पादनकर्ता के नाम से होती है। इस कारण डिस्ट्रीब्यूटरों को भेजे गये माल के जो भी पेमेण्ट आते हैं, वह सब उत्पादनकर्ता के बैंक खाते में जमा होते हैं। सी.एड.एफ. तो केवल भेजे गये माल पर अपना एक निश्चित कमीशन लेता है। जो आपस में पहले से ही तय हो जाती है। उत्पादनकर्ता व सी.एड.एफ. में व्यापार में जो बातें तय हुई हैं, वह आपसी एग्रीमेण्ट से तय हो जाती हैं।

दूसरे तरीके में उत्पादनकर्ता सी.एड.एफ. से नकद पैसा लेकर या उधार में इक्ट्ठा माल भेज देता है। ऐसी हालत में उत्पादनकर्ता, सी.एड.एफ को थोड़ा ज्यादा कमीशन देता है। क्योंकि बाकी के खर्चे सी.एड.एफ. को करने पड़ते हैं। सी.एड.एफ. द्वारा आगे जो माल डिस्ट्रीब्यूटर को भेजा जाता है, उसके ट्रांसपोर्टेशन का खर्चा उत्पादनकर्ता को देना पड़ता है। डिस्ट्रीब्यूटर्स को माल नकद या उधार देना सी.एड.एफ. के ऊपर निर्भर होता है।

3. सुपर डिस्ट्रीब्यूटर या सुपर स्टाकिट :

कई कम्पनियाँ या उत्पादकर्ता सी.एड.एफ. की नियुक्ति न करके, सुपर डिस्ट्रीब्यूटर या सुपर स्टाकिस्ट की नियुक्ति करते हैं। ऊपर दूसरे तरीके में जो बातें लिखी गईं हैं, उसी आधार पर उत्पादनकर्ता द्वारा सुपर डिस्ट्रीब्यूटर को माल भेजा जाता है व सुपर डिस्ट्रीब्यूटर द्वारा आगे प्रत्येक डिस्ट्रीब्यूटर को माल भेजा जाता है डिस्ट्रीब्यूटर को माल नकद भेजना या उधार भेजना, यह सुपर डिस्ट्रीब्यूटर पर निर्भर करता है।

4. डिस्ट्रीब्यूटर व स्टाकिस्ट :

प्रत्येक राज्य के प्रत्येक शहर में डिस्ट्रीब्यूटर बनाए जाते हैं। सुपर डिस्ट्रीब्यूटर द्वारा डिस्ट्रीब्यूटर को माल भेजने के बाद डिस्ट्रीब्यूटर सारा माल अपने शहर के प्रत्येक दुकानदार के पास पहुँचाता है। उसके अलावा डिस्ट्रीब्यूटर अपने आस–पास के गाँवों व कस्बों में भी माल बेचता है। दुकानदारों से पैसा लेने की सारी जिम्मेवारी डिस्ट्रीब्यूटर की होती है।

5. थोक विक्रेता :

प्रत्येक शहर में जहाँ डिस्ट्रीब्यूटर होते हैं, वहाँ कई थोक विक्रेता भी होते हैं। रिटेलर के मुकाबले थोक विक्रेता ज्यादा माल डिस्ट्रीब्यूटर से खरीदता है। थोक विक्रेता उसी भाव पर माल रिटेलर को बेचता है, जिस भाव पर डिस्ट्रीब्यूटर रिटेलर को माल बेचता है। थोक विक्रेता अपनी दुकानों में केवल वही माल रखते हैं, जिन कम्पनियों के माल की डिमांड रिटेलर करते हैं या थोड़ा–बहुत वह माल रखते हैं, जिसमें मुनाफा ज्यादा होता है।

6. रिटेलर या दुकानदार :

डिस्ट्रीब्यूटर द्वारा रिटेलर को माल भेजने के बाद, एक आम उपभोक्ता दुकानदार से माल खरीदता है। रिटेलर को उन सभी कम्पनियों का माल अपनी दुकान में रखना पड़ता है, जिसकी डिमांड उपभोक्ता करता है। रिटेलर ऐसा माल भी रखता है, जो नामी कम्पनियों के प्रोडक्ट नहीं होते। यह प्रोडक्ट वह इस वजह से रखता है, क्योंकि नामी कम्पनियों के मुकाबले यह ज्यादा सस्ते होते हैं। यह उपभोक्ता पर निर्भर करता है कि वह किसी कम्पनी का माल ले या न ले।

7. उपभोक्ता व ग्राहक :

उपभोक्ता व ग्राहक उसे कहते हैं, जो दुकानदार से जाकर माल खरीदे। किसी भी कम्पनी के माल को खरीदना या न खरीदना यह ग्राहक के विवेक पर निर्भर करता है।

उपभोक्ता व सी.एंड.एफ. से लेकर एक आम उपभोक्ता तक माल पहुँचाने, बेचने में उत्पादन कम्पनी द्वारा नियुक्त सेल्स स्टाफ (रीजनल मैनेजर से लेकर एक सेल्स रिप्रजेण्टेटिव तक) का मुख्य रोल होता है। यह सेल्स स्टाफ ही सी.एंड.एफ., सुपर डिस्ट्रीब्यूटर व डिस्ट्रीब्यूटर नियुक्त करते है।

उपर्युक्त चेन को आपस में बाँधे रखने का सेल्स स्टाफ का मुख्य कार्य होता है। सेल्स स्टाफ का सारा खर्चा उत्पादनकर्ता करता है।

उपर्युक्त चेन में से एक कड़ी भी अपना काम करना बन्द कर दे, तो माल बिकना उस स्थान पर बन्द हो जाएगा। कड़ी को बाँधे रखने में सेल्स स्टाफ का महत्त्वपूर्ण रोल होता है।

6. धन की बाढ़

पहले पानी की बाढ़ आती थी, आज मार्केट में रुपया देने वालों की बाढ़ आ गई है। भारत में अब से करीब 10–15 साल पहले ऐसा भी समय था जब बैंक रुपया लेने व देने के मुख्य स्रोत थे। मगर जब किसी भी व्यक्ति को रुपया ऋण के रूप में लेना पड़ता था, वह इतनी खानापूर्ति बताते थे कि एक आम आदमी बैंक से किसी भी कार्य के लिए ऋण लेने की नहीं सोचता था। बड़े–बड़े लोगों को या व्यापारियों को ऋण दिया जाता था। बड़े–बड़े लोग तो हर प्रकार की कागजी कार्यवाही करके हर प्रकार की गारंटी देकर बैंक से पैसा ले लेते थे। मगर फिर भी बैंक आगे–आगे जाता था और रुपया लेने वाला उसके पीछे–पीछे भागता था और पैसा मुश्किल से ही मिल पाता था।

मगर आज स्थिति उलटी हो गई है। पैसा लेने वाला आगे–आगे है और हर बैंक उसके पीछे–पीछे है। बैंकों की बात जाने दीजिए, आम लोगों को पैसा उपलब्ध करवाने के लिए प्राइवेट सैक्टर में अनेकों कम्पनियाँ आ गई हैं। प्रत्येक बैंक द्वारा व प्राइवेट कम्पनियों द्वारा व्यापक रूप से प्रचार करके एक आम आदमी से लेकर एक बड़े आदमी तक को बुलाया जा रहा है कि आप आएँ व कम से कम कागजी कार्यवाही में छोटी–मोटी गारंटी देकर, तुरंत रुपया ले जायें।

10–15 साल के पहले में व आज की स्थिति में बदलाव क्यों आ गया? सबसे पहले तो सरकार की आर्थिक क्षेत्र में उदारीपन की नीति की वजह से ऐसी स्थिति पैदा हो गई है। सरकार व जनता का पैसा बैंको गें जमा है। पहले बैंकों की सोच थी कि अगर दिया गया रुपया वापस नहीं आया तो क्या होगा? सरकारी बैंक नोटों से भरे पड़े थे। शायद नोटों में खराबी न आ जाए, इस कारण बैंकों के खजानों के मुँह हर एक के लिए खोल दिए गए। जनता की हर प्रकार की आवश्यकता के लिए आज ऋण के रूप में रुपया आसानी से दिया जा रहा है।

रुपयों की बाढ़ आने का शायद दूसरा कारण यह है कि जो काला धन बड़े–बड़े पैसों वाले लोगों ने अपने अंदर छुपा रखा था, उसे सफेद धन में करने के लिए बाहर निकाल लिया। जिसके कारण भी मार्केट में धन की बाढ़ आ गई।

बाजार में धन आने का शायद यह भी एक कारण है कि आज से 10–15 साल पहले, बाहर के देश भारत को एक गरीब देश समझकर हमारे देश में रुपया नहीं लगाते थे। मगर स्थितियाँ बदलीं, आज दुनियाँ का हर बड़ा देश हमारे देश में निवेश करने की होड़ में है। दुनियाँ के अनेकों देशों से अरबों–खरबों रुपया भारत में निवेश हो रहा है।

इस प्रकार भारत में पानी की जगह रुपयों की बाढ़ आई हुई है। जो व्यक्ति समझदार है, वह इस बाढ़ का फायदा उठा रहा है और जो समझदार नहीं है, वह बाढ़ में भी सूखा जी रहा है।

❖❖❖

7. मोबाइल कम्पनियों की भूल-भुलैया

लखनऊ में एक दर्शनीय स्थल के रूप में एक स्मारक स्थान है, जिसके बारें में कहा जाता है कि उस स्थान के अंदर अगर कोई भी व्यक्ति एक बार प्रवेश कर जाए, तो वह आसानी से वापस नहीं आ सकता, क्योंकि उसके रास्ते ही ऐसे बनाए गए हैं कि घूम–फिर कर व्यक्ति वहीं पर ही आ जाता है, जहाँ से वह चला था या फिर उसी स्थान में लगातार घूमता रहता है। इसी कारण इस स्थान को भूल–भूलैया कहा जाता है।

ठीक यही हाल भारत में इन मोबाइल फोन कम्पनियों का है। जितनी भी कम्पनियाँ इस समय हमारे भारत में बिजनेस कर रही हैं, इन्होंने आपस में मिलकर मोबाइल दुनियाँ की भूल–भूलैया का जाल बिछा रखा है, जिसमें एक आम ग्राहक घुसकर ऐसा फँसता है कि बाहर नहीं निकल पाता।

हालाँकि आप सभी इन मोबाइल फोन कम्पनियों की भूल–भूलैया को जानते हैं। मैं यह लेख लिखकर सच्चाई का बयान कर रहा हूँ कि आज रोजाना आपको बाजारों में बड़े–बड़े बोर्ड, बैनर टँगे हुए मिल जाएँगे कि आज हमारी कम्पनी की यह नई पेशकश है। अपने बोर्डो में बैनरों में ऐसा लिखवाएँगे कि शायद ये कम्पनियाँ मुफ्त में सेवाएँ दे रही हैं। उदाहरण के तौर पर :–

1. एक कम्पनी लिख रही है, नये कनेक्शन के साथ 3000 मिनट मुफ्त में बात करें, दूसरी कम्पनी लिख रही है– हम 10000 मिनट मुफ्त में बातें कराएँगे और तीसरी कम्पनी लिख रही है– हम 18000 मिनट मुफ्त में बात कराएँगे।
2. एक कम्पनी 2500/– रुपए में रंगीन मोबाइल सैट दे रही है, दूसरी कम्पनी मात्र 1500/– रुपए में ही मोबाइल सैट दे रही है।

3. एक कनेक्शन लीजिए, दूसरा कनेक्शन फ्री लें।

4. मात्र 10 पैसे में बात करें, मात्र 20 पैसे में बात करें।

5. किसी समय एक काल की कीमत प्रति मिनट 5 रुपए होती थी और काल सुनने वाले को भी पैसा देना पड़ता था। आज काल की कीमत एक रुपया है और सुनने वाले को कुछ भी नहीं देना पड़ता।

6. नया कनेक्शन लेने पर हजारों रुपयों की गिफ्टें लीजिए।

7. जिस मोबाइल सैट की कीमत मात्र आज 2000/– रुपये है, वही मोबाइल सैट कुछ महीने पहले 5–7 हजार रुपए का था।

इस प्रकार अनेकों प्रकार से आधा–अधूरा प्रचार करके ग्राहकों को लुभाया जा रहा है ताकि हर कोई व्यक्ति उन्हीं से कनेक्शन ले। एक आम उपभोक्ता को यह समझ में नहीं आता कि आखिर किस मोबाइल कम्पनी का कनेक्शन ले, क्योंकि कम्पनियों द्वारा दो अर्थों वाला भ्रामक प्रचार ही इस तरह से कराया जा रहा है।

अभी कुछ समय पहले सरकार ने इन तमाम कम्पनियों को ये हिदायतें दी थीं कि वे अपने विज्ञापनों में सीधी–सीधी बात करें, भ्रामक प्रचार न करें। मगर कोई भी कम्पनी इस बात को मानने को तैयार नहीं है, क्योंकि ये कम्पनियाँ अच्छी तरह जानती हैं कि भारत की इस भोली–भाली जनता को भ्रामक प्रचार से गुमराह करके जितना ज्यादा से ज्यादा पैसा कमाना है कमा लें। और, भारत का भोला ग्राहक आराम से इनके भ्रामक प्रचार में आ रहा है, क्योंकि कुछ सालों पहले भारत के लोगों के लिए ये मोबाइल सैट मात्र विदेशों में प्रयोग होने वाली वस्तु थी, पर आज हर उम्र के स्त्री–पुरुष, युवक–युवती, कम उम्र के लड़के, लड़कियाँ, यहाँ तक कि एक रिक्शे वाले से लेकर एक मजदूर के हाथ में भी मोबाइल सैट देखा जा सकता है।

यह मोबाइल कम्पनियाँ नित नये–नये प्रकार से भ्रमित प्रचार करा रही हैं। एक आम व्यक्ति तो क्या, मेरा सोचना है कि कम्पनी में कार्य करने वाले स्टाफ को भी यह ध्यान नहीं रहता होगा कि आज के 15 दिन पहले, आज के एक महीना पहले या दो महीने पहले उनकी कम्पनी की क्या प्लानिंग थी।

क्या हमने कभी किसी भी अन्य प्रोडक्ट के लिए देखा है कि आज उनकी क्या प्लानिंग है, एक हफ्ता पहले कुछ और प्लानिंग थी और चार हफ्ते पहले कुछ और प्लानिंग थी।

अतः इस लेख द्वारा मैं उन तमाम मोबाइल कम्पनियों को परामर्श दूँगा कि वे अपने प्रचार को इतनी जल्दी–जल्दी न बदलें और न ही भ्रमित प्रचार करें। भारत की जनता सीधी व भोली है। इस कारण इनसे सीधी–सीधी बात करें। मोबाइल सैट व नये कनेक्शन ये जरूर खरीदेंगे, क्योंकि मोबाइल फोन चीज ही ऐसी है।

❖❖❖

8. टी.वी.चैनलों पर दिखाए जाने वाले विज्ञापनों से क्या प्रोडक्ट्स हमेशा डिमांड में रहता है?

अक्सर ऐसा देखा गया है कि चाहे किसी पुरानी व बड़ी कम्पनी का प्रोडक्ट पूर्ण रूप से क्वालिटी प्रोडक्ट न हो, फिर भी उसकी बिक्री में कोई कमी नहीं आती। मगर किसी नई कम्पनी का प्रोडक्ट पूर्ण रूप से क्वालिटी प्रोडक्ट हो, फिर भी एक आम उपभोक्ता व रिटेलर उस प्रोडक्ट को जल्दी नहीं खरीदता।

शायद इसके मुख्य दो कारण हैं:–

1. एक तो पुरानी कम्पनी के प्रोडक्ट को एक आम उपभोक्ता काफी समय से इस्तेमाल कर रहा है व पुरानी कम्पनियों का आज भी अपने प्रोडक्ट्स के लिए किसी न किसी माध्यम से विज्ञापन हो रहा होता है। ऐसी कम्पनियों के प्रोडक्ट्स में कभी–कभार कमी आ भी जाये, कम्पनियाँ ज्यादा गौर नहीं करतीं।

2. किसी भी नई कम्पनी या छोटी कम्पनियों के प्रोडक्ट्स को एक आम दुकानदार या एक उपभोक्ता इतनी जल्दी खरीदने को तैयार नहीं होता, क्योंकि उनसे इस बात की शंका रहती है कि पता नहीं प्रोडक्ट की क्वालिटी कैसी होगी। अगर माल ठीक नहीं निकला या ग्राहक नये माल को लेने को तैयार न हो, तो रिटेलर द्वारा खरीदा गया माल वापस करना पड़ेगा। ऐसी असमंजस की स्थिति में न तो उपभोक्ता और न ही दुकानदार जल्दी से माल नहीं लेता। बड़ी–बड़ी कम्पनियाँ अपने प्रचार के दम पर एक आम उपभोक्ता को मजबूर कर देती हैं

कि वे उसके माल को जरूर खरीदें। अब यह इस बात पर निर्भर करता है कि प्रोडक्ट की क्वालिटी में कितना दम है। विज्ञापनों के अनेक माध्यमों व विशेषकर मुख्य टी.वी. चैनलों पर दिखाए जाने वाले विज्ञापनों के कारण, प्रोडक्ट्स की बिक्री में ऑटोमेटिक डिमाण्ड आ जाती है। मगर क्या मुख्य टी.वी. चैनलों पर दिखाए जाने वाले प्रोडक्ट्स की कंज्यूमर डिमाण्ड हमेशा बनी रहती है।

शायद नहीं, क्योंकि उपभोक्ता विज्ञापन के दम पर एक बार या कई बार प्रोडक्ट तो खरीद लेगा, मगर हमेशा वह उसी प्रोडक्ट को खरीदता रहे, इसके लिए प्रोडक्ट का क्वालिटी प्रोडक्ट होना, ज्यादा मायने रखता है। अगर क्वालिटी में दम नहीं होगा, उपभोक्ता उस प्रोडक्ट को एक बार खरीदकर दुबारा नहीं खरीदेगा।

मान लीजिए टी.वी. पर किसी शैम्पू का विज्ञापन दिखाया जा रहा है कि इसके इस्तेमाल करने से आपके बाल रेशमी, लम्बे व घने हो जाएँगे। मगर उपभोक्ता द्वारा बार–बार उस शैम्पू के इस्तेमाल से संतुष्टि न मिलने पर किसी दूसरे दिखाए जाने वाले शैम्पू को खरीद लेता है।

अतः ऐसा जरूरी नहीं है कि जिन भी प्रोडक्ट्स का टी.वी. चैनलों पर विज्ञापन किया जा रहा है, उनकी डिमाण्ड हमेशा व ज्यादा बनी रहे। टी.वी. के मुख्य चैनलों पर ऐसे–ऐसे प्रोडक्ट्स के लिए विज्ञापन दिखाये जाते हैं कि कुछ समय बाद ही विज्ञापन टी.वी. से गायब हो जाता है व प्रोडक्ट भी मार्केट से गायब हो जाता है।

❖❖❖

9. नई-नई कम्पनियों का आना

इस लेख द्वारा मैं भारत के समस्त सुपर स्टॉकिस्टों, डिस्ट्रीब्यूटरों, थोक विक्रेताओं, रिटेलर्स व विशेष रूप से एक आम उपभोक्ता से अनुरोध करता हूँ कि इस समय जो भी कम्पनियाँ आ रही हैं, उनके प्रोडक्ट्स की खरीद व बिक्री में सहयोग दें।

इन नई कम्पनियों में से कई कम्पनियाँ, अपने प्रोडक्ट की पैकिंग, क्वालिटी, रेट्स, विज्ञापन आदि पर विशेष ध्यान दे रही हैं। मेरी नजर में एक आम उपभोक्ता ही सही पारखी होता है, जो किसी भी कम्पनी के प्रोडक्ट को फेल या पास करता है। पहले की सभी बड़ी कम्पनियाँ, जब शुरू-शुरू में मार्केट में आईं थीं, सबने भरपूर सहयोग दिया था, जिसकी वजह से यह सारी 'ए' क्लास कम्पनियाँ, करोड़ों, अरबों रुपयों का व्यापार कर रही हैं।

अतः नई कम्पनियों के प्रोडक्ट को खरीदकर उन्हें सहयोग दें, ताकि उनका व उनमें काम करने वाले कर्मचारियों का जीवन स्तर उठ सके।

इसी लेख द्वारा समस्त नई कम्पनियों से अनुरोध करूँगा कि वे क्वालिटी प्रोडक्ट बनाएँ, रेट्स सही रखें ताकि आम उपभोक्ता आपके प्रोडक्टस् को खरीद सकें।

❖❖❖

10. जैट - फिनायल

जैसा नाम वैसा ही गुण। जिस प्रकार 'जैट एयरवेज' आकाश में अपनी अत्यधिक स्पीड के कारण कुछ ही सैकेंडों में कई कि.मी. दूर तक चला जाता है, उसी प्रकार उत्तर भारत में प्रथम AN ISO 9001–2000 सर्टिफाइड कम्पनी मै. इन्टरनेशनल केमिकल्स इण्डस्ट्रीज़ यमुना नगर का ISI ब्रांड 'जैट' फिनायल जो काले व सफेद रंगों में उपलब्ध है। यह फिनायल इस्तेमाल करने के कुछ ही सैकेंडों में, सफाई के साथ–साथ मक्खी, मच्छर, कीड़े, मकोड़े, कॉकरोच व बीमारी फैलाने वाले कीटाणुओं को नष्ट कर देती है।

कम्पनी के कर्मयोगी मैनेजिंग डायरेक्टर श्री सी.एस. भार्गव ने अपने अथक प्रयास, मार्केटिंग सूझबूझ, लगन, परिश्रम, सच्चाई, पारदर्शिता, ईमानदारी व विज्ञापन के आधार पर कुछ ही वर्षों में जैट फिनायल को हरियाणा में प्रथम नम्बर पर लाकर खड़ा कर दिया है।

फिनायल के अलावा कम्पनी धूप, अगरबत्ती, हवन–सामग्री, एयर फ्रेशनर व फिनायल की गोली आदि का उत्पादन भी कर रही है और ये सब क्वालिटी प्रोडक्ट्स हैं।

मार्केट में आने वाले नये उद्यमी 'जैट' कम्पनी के मैनेजिंग डायरेक्टर से प्रेरणा लेकर, कुछ ही समय में अपने प्रोडक्ट को ऊँचाइयों पर पहुँचा सकते हैं।

❖❖❖

11. वे उत्पादनकर्ता जिनके कंज्यूमर प्रोडक्ट्स बिक नहीं रहे और वे नये उत्पादनकर्ता जो कंज्यूमर प्रोडक्ट्स बनाने जा रहे हैं।

इस पुस्तक ''मार्केटिंग'' (मेरा अनुभव) के लेखक को ऑफिस कार्य, फैक्टरी व कंज्यूमर प्रोडक्टस् की मार्केटिंग का, प्राइवेट सैक्टर में करीब 46 वर्ष का विशेष अनुभव है। ऐसे उत्पादनकर्ता, जो कंज्यूमर प्रोडक्ट का उत्पादन तो कर रहे हैं, मगर माल बिक नहीं रहा व ऐसे नये उत्पादनकर्ता जो नये कंज्यूमर प्रोडक्टस् का उत्पादन करने जा रहे हैं। अगर उन्हें मार्केटिंग से सम्बन्धित किसी भी प्रकार की अल्प समय के लिए, लेखक की सेवाएँ चाहिए, तो वे लेखक से सम्पर्क कर सकते हैं।

❖❖❖

विशेष लेख

ग्रामीण रोजगार व सृजन कार्यक्रम

ग्रामीण रोजगार योजना

जो उद्यमी कंज्यूमर उत्पादन के क्षेत्र में जाना चाहते हैं, वह उद्यमी भारत सरकार द्वारा स्वीकृत 'ग्राम उद्योग सृजन' कार्यक्रम के अन्तर्गत अपना उद्योग धन्धा लगा सकते हैं।

इसके लिए लाखों रुपये अपने पास से नहीं लगाने पड़ते। सरकार द्वारा ऐसे उद्योग लगाने के लिए कम से कम एक लाख रुपये से लेकर अधिकतम 25 लाख रुपये तक का ऋण दिया जाता है।

इस योजना के अन्तर्गत उद्योग धन्धे गाँव में ही लगाने पड़ते हैं। इसमें काम करने वाले कर्मचारी व मजदूर गाँव में बसने वाले लोगों को ही लिया जाता है ताकि गाँव के लोगों को अपने ही गाँव में रोजगार मिल सके।

नीचे ''ग्रामोद्योग रोजगार सृजन कार्यक्रम'' के बारे में प्रत्येक पहलू पर आपको जानकारी दे रहे हैं। अधिक जानकारी और आवेदन पत्र हेतु नजदीकी सार्वजनिक बैंक/खादी और ग्रामोद्योग बोर्ड के मण्डलीय कार्यालय या राज्य खादी ग्रामोद्योग मण्डल के जिला कार्यालय में सम्पर्क करें।

देश के ग्रामीण क्षेत्र के लोगों को रोजगार के नये–नये अवसर उपलब्ध कराना केन्द्रीय सरकार की हमेशा से प्राथमिकता रही है। ग्रामीण क्षेत्र के विभिन्न वर्गों की आवश्यकताओं को ध्यान में रखकर भारत सरकार के कृषि एवं ग्रामीण रोजगार सृजन कार्यक्रम देश के अधिकतर ग्रामीण क्षेत्रों में चलाया जा रहा है।

1. परियोजना पात्रता

योजना के अन्तर्गत ग्रामीण क्षेत्रों में नई ग्रामोद्योगी परियोजनाएँ स्थापित की जा सकेंगी। पूर्व स्थापित उद्योगों को इस योजना का लाभ नहीं मिलेगा।

2. पात्र गतिविधियाँ

खादी और ग्रामोद्योग आयोग द्वारा जारी नकारात्मक सूची में प्रकाशित उद्योगों के अतिरिक्त अन्य सभी उद्योग इस योजना के अन्तर्गत स्थापित किए जा सकेगें।

ग्रामीण उद्योगों का अर्थ है– ऐसा कोई भी उद्योग, जो ग्रामीण क्षेत्र में स्थित हो तथा जो विद्युत के उपयोग या बिना उपयोग के कोई माल तैयार करता हो या कोई सेवा प्रदान करता हो एवं जिसमें प्रति कारीगर निवेश रुपये 50,000/– से अधिक न हो।

3. ऋण के लिए पात्रता

इस योजना के तहत

(क) वैयक्तिक (कारीगर/उद्यमी)

(ख) संस्थाएँ, सहकारी समितियाँ एवं न्यास

(ग) स्वसहायता समूह पात्रता रखते हैं।

साझेदार फर्म, प्राइवेट लि. कम्पनियाँ, संयुक्त उद्यमी, संयुक्त ऋणी को–आबलीगेटर अथवा यू.एच.एफ. इस योजना के पात्र नहीं हैं।

4. उद्योग की अधिकतम लागत सीमा

व्यक्तिगत इकाई/संस्थाओं के लिए उद्योग की अधिकतम सीमा लागत 25.00 लाख रुपये है।

5. ग्रामीण क्षेत्र

ग्रामीण क्षेत्र का अर्थ है:–

(क) कोई भी ऐसा स्वीकृत क्षेत्र, जो राज्य/केन्द्र शासित प्रदेश के राजस्व अभिलेखी के अनुसार गाँव की परिभाषा के अन्तर्गत आता हो।

(ख) ऐसा कोई क्षेत्र जो कस्बे के अर्न्तगत वर्गीकृत किया गया हो लेकिन जिसकी संख्या 1991 की जनगणना के अनुसार 20 हजार से अधिक न हो।

6. बैंक

(क) सभी सार्वजनिक बैंक।

(ख) सभी क्षेत्रीय ग्रामीण बैंक।

(ग) राज्य/केन्द्र शासित ग्रामोद्योग मण्डलों द्वारा अनुमोदित सहकारी बैंक।

(घ) राज्य ग्रामोद्योग मण्डलों द्वारा अनुमोदित निजी वाणिज्यिक बैंक।

(ङ) खादी और ग्रामोद्योग आयोग द्वारा अनुमोदित राज्य एवं केन्द्रीय सरकार की अन्य वित्त पोषित संस्थाएँ।

7. प्रायोजकता (स्पांसरशिप)

किसी एजेंसी द्वारा परियोजना को प्रायोजित करना अनिवार्य नहीं है। यद्यपि खादी और ग्रामोद्योग आयोग के राज्य/क्षेत्रीय कार्यालय और राज्य खादी ग्रामोद्योग मण्डल परियोजना का प्रायोजन उद्यमी के अनुरोध पर कर सकते हैं।

8. उद्यमिता विकास कार्यक्रम (ई.डी.पी.)

बैंक की किसी भी शाखा द्वारा परियोजना को मंजूरी देने के बाद उद्यमी को, दूसरी किस्त जारी होने से पहले खादी और ग्रामोद्योग आयोग के राज्य/क्षेत्रीय कार्यालयों के माध्यमों से निःशुल्क प्रशिक्षण सुविधा भी उपलब्ध है।

9. मार्जिन मनी

10 लाख रुपये तक की लागत वाली परियोजना के लिए परियोजना लागत का 25 प्रतिशत धनराशि मार्जिन मनी के रूप में खादी और ग्रामोद्योग आयोग द्वारा उपलब्ध कराई जाएगी। दस लाख रुपये से अधिक एवं 25 लाख रुपये तक वाली परियोजनाओं के लिए मार्जिन मनी 10 लाख रुपये तक 25 प्रतिशत और परियोजना की शेष लागत के लिए 10 प्रतिशत होगी।

कमजोर वर्ग के लाभार्थियों अर्थात् अनुसूचित जाति/अनुसूचित जनजाति/अन्य पिछड़ा वर्ग/महिला / शारीरिक रूप से से विकलांग/भूतपूर्व सैनिक और अल्पसंख्यक समुदाय के लाभार्थियों/संस्थाओं तथा पर्वतीय, सीमावर्ती एवं जनजाति क्षेत्रों, उत्तर–पूर्वी क्षेत्र, सिक्किम, अंडमान एवं निकोबार द्वीप समूह, लक्ष्यदीप के लिए मार्जिन मनी राशि अनुदान 10 लाख रुपये तक की परियोजना लागत के लिए 30 प्रतिशत की दर से तथा परियोजना की शेष लागत के लिए 10 प्रतिशत होगी।

10. उद्यमी का योगदान

इस योजना के अन्तर्गत उद्यमी को निवेश के रूप में परियोजना लागत का 10 प्रतिशत अपना योगदान करना होता है। अनुसूचित जाति/अनुसूचित जनजाति/अन्य पिछडा वर्ग/ महिला/शारीरिक रूप से विकलांग/भूतपूर्व सैनिक और अल्पसंख्यक समुदाय एवं अन्य कमजोर वर्ग क्षेत्र के उद्यमियों के मामले में यह योगदान परियोजना लागत का 5 प्रतिशत होगा।

11. ऋण की मात्रा

बैंक सामान्य श्रेणी के उद्यमी को परियोजना लागत की 90 प्रतिशत रकम तथा कमजोर वर्ग के लाभग्रहियों/संस्थाओं के मामले में 95 प्रतिशत ऋण राशि स्वीकृत कर भुगतान करेगें। परियोजना की लागत में भूमि की कीमत शामिल नहीं की जाएगी।

12. मार्जिन मनी का भुगतान

बैंक द्वारा क्रेडिट सुविधा की स्वीकृति के पश्चात् मार्जिन मनी की उपयुक्त राशि वित्तीय बैंक शाखा में उद्यमी के नाम में 2 वर्ष की मियादी जमा रखनी होगी, जिसको कि ऋण की प्रथम किस्त की भुगतान तारीख से 2 वर्ष की अवधि के पश्चात् उद्यमी के खाते में जमा करना होगा।

नकारात्मक सूची

ग्रामोद्योग कार्यक्रम के अन्तर्गत जो उद्योग खादी और ग्रामोद्योग आयोग के क्षेत्राधिकार में नहीं आते हैं, उनको ग्रामीण रोजगार सृजन कार्यक्रम के अन्तर्गत मार्जिन मनी उपलब्ध नहीं करवाई जा सकेगी।

नकारात्मक सूची निम्नलिखित प्रकार से है:–

(क) मांस (प्रशोधन, डिब्बाबंदी और या परोसना और नशीली सामग्रियाँ (उत्पादन/निर्माण/बिक्री)।

(ख) फसल उगाना, बागवानी, पशुपालन, मत्स्य पालन, सुअर पालन, मुर्गी पालन इत्यादि और खादी व पोली वस्त्र।

(ग) पर्यावरण को नुकसान पहुँचाने वाली कोई भी परियोजना।

नकारात्मक सूची के अतिरिक्त अन्य किसी भी उद्योग की स्थापना इस योजना के अन्तर्गत की जा सकती है, जोकि उपर्युक्त शर्तो को पूरा करते हों।

निम्नलिखित उद्योग 'ग्रामीण रोजगार सृजन कार्यक्रम' के अन्तर्गत लगाए जा सकते हैं।

खनिज आधारित उद्योग :

1. कुटीर कुम्हारी उद्योग
2. चूना पत्थर–सीपी और अन्य चूना उत्पाद उद्योग।
3. मन्दिरों और भवनों के लिए पत्थर की कटाई–पिसाई–नक्काशी और खुदाई।
4. पत्थर से बनी हुई उपयोगी वस्तुएँ।
5. स्लेट और स्लेट पेंसिल का निर्माण
6. प्लास्टर आफ पेरिस का निर्माण
7. बर्तन धोने का पाउडर
8. जलावन के ब्रिकेट
9. सोने–चाँदी–पत्थर–सीपी और कृत्रिम सामग्रियों से आभूषणों का निर्माण।
10. गुलाल–रंगोली का निर्माण
11. चूड़ियों का निर्माण

12. रंग–रंगीन और डिस्टेम्पर का निर्माण

13. काँच के खिलौनों का निर्माण

14. सजावटी शीशों की कटाई–डिजाइनिंग–पॉलिशिंग

15. रत्न कटाई

वनाधारित उद्योगः

16. हाथ कागज

17. कत्था निर्माण

18. गोंद व रेजिन

19. लाख निर्माण

20. कुटीर दियासलाई उद्योग–पटाखे और अगरबत्ती निर्माण।

21. बाँस और बेंत कार्य

22. कागज के प्याले–तश्तरी–झोले और कागज के डिब्बों का निर्माण

23. काँपियों की जिल्दसाजी, लिफाफा निर्माण, रजिस्टर निर्माण और कागज से बनाई जाने वाली अन्य लेखन सामग्रियाँ।

24. खस टट्‌टी और झाडू निर्माण।

25. वनोत्पादों का संग्रह प्रशोधन और पैकिंग

26. फोटो जड़ना।

27. जूट उत्पादों का निर्माण (रेशा उद्योग के अन्तर्गत)

कृषि आधारित और खाद्य उद्योग :

28. अनाज–दाल–मसाले–चटपटे मसाले आदि का प्रशोधन–पैकिंग और विपणन

29. नूडल निर्माण

30. विद्युत–चालित आटा–चक्की

31. दलिया निर्माण

32. चावल छिलका उतारने की छोटी इकाई

33. ताडगुड़ निर्माण और अन्य ताड़ उत्पाद उद्योग

34. गन्ना गुड़ और खांडसारी निर्माण

35. भारतीय मिष्ठान्न निर्माण

36. रसवंती–गन्ना रस–खानपान इकाई

37. मधुमक्खी पालन।

38. अचार सहित फल और सब्जी का प्रशोधन

39. घानी तेल उद्योग

40. मेंथाल तेल

41. नारियल जटा के अलावा रेशा

42. औषधीय कार्यों के लिए जड़ी बूटियों का संग्रह

43. मक्का और रागी का प्रशोधन

44. मज्जा कार्य–मज्जा चटाइयों और हारों आदि का निर्माण

45. काजू प्रशोधन

46. पत्ते का दोना बनाना।

47. दुग्ध उत्पाद निर्माण

48. पशुचारा/मुर्गीचारा और निर्माण।

बहुलक और रसायन आधारित उद्योग :

49. शवोच्छेदन–चर्मशोधन तथा खाल व त्वचा से सम्बन्धित अन्य सहायक उद्योग एवं कुटीर चर्म उद्योग।

50. कुटीर साबुन उद्योग।

51. रबड़ वस्तुओं का निर्माण (डिप्ड लेटेक्सए उत्पाद)

52. रेग्जीन पीवीसी से बने उत्पाद

53. हाथी दाँत समेत सींग और हड्डी उत्पाद।

54. मोमबत्ती, कपूर और मोहर वाली मोम का निर्माण

55. प्लास्टिक की पैकेजिंग वस्तुओं का निर्माण

56. बिंदी निर्माण

57. मेंहदी निर्माण

58. इत्र निर्माण

59. शैम्पू निर्माण

60. केश तेल निर्माण

61. डिटर्जेंट और धुलाई पाउडर निर्माण (अविषाक्त)

इंजीनियरिंग और गैर परम्परागत ऊर्जा :

62. बढ़ईगिरी

63. लोहागिरी

64. अल्युमिनियम के घरेलू बर्तनों का उत्पादन

65. गोबर व अन्य अपशिष्ट उत्पाद जैसे मृत पशु के मांस और मल आदि से खाद और मिथेन (गोबर गैस) का उत्पादन और उपयोग।

66. खराब पानी का निकास

67. कागज पिन–क्लिप–सेफ्टी पिन

68. स्टोव पिन आदि का निर्माण

69. केंचुआँ पालन तथा कचरा निपटान

70. सजावटी बल्बों–बोतलों–ग्लासों आदि का निर्माण।

71. छाता उत्पादन

72. सौर और पवन ऊर्जा उपकरण।

73. हस्त निर्मित पीतल के बर्तनों का निर्माण

74. हस्त निर्मित ताँबे के बर्तनों का निर्माण

75. हस्त निर्मित काँसे के बर्तनों का निर्माण

76. पीतल–ताँबे और काँसे से अन्य बर्तनों का निर्माण

77. रेडियो निर्माण, कैसेट प्लेयर का निर्माण–भले ही यह रेडियो में लगा हुआ हो या न हो।

78. वोल्टेज स्टैब्लाइजर का उत्पादन।

79. इलैक्ट्रानिक घड़ियों और अलार्म घड़ियों का निर्माण।

80. लकड़ी पर नक्काशी और कलात्मक फर्नीचर निर्माण।

81. टीन कार्य

82. मोटर वाईंडिंग

83. तार की जाली बनाना

84. लोहे की झंझरी (ग्रिल निर्माण)

85. ग्रामीण यातायात वाहन जैसे हाथगाड़ी–बैलगाड़ी–छोटी नाव, दुपहिया साइकिल/साइकिल रिक्शा–मोटरयुक्त गाड़ियों आदि का निर्माण

86. संगीत साजों का निर्माण

6. वस्त्रोद्योग (खादी को छोड़कर)

87. पोलीवस्त्र (ऐसा वस्त्र जो भारत में मानव निर्मित रेशे को रूई, रेशम या ऊन के साथ या इसमें से किसी दो या सभी को मिलाकर हाथ से काता गया तथा हाथकरघे पर बुना गया हो या भारत में बना ऐसा

वस्त्र जो हाथकते मानव निर्मित रेशों के धागे, सूती, रेशमी या ऊनी धागे या इसमें से किसी दो धागे या सभी धागों को मिलाकर हथकरघे पर बुना गया हो।

88. लोकवत्र का निर्माण

89. होजियरी

90. सिलाई और सिली सिलाई पोशाक तैयार करना।

91. छींटकारी

92. खिलौना और गुड़िया निर्माण

93. धागे का गोला–ऊनी गोला तथा लच्छी निर्माण

94. कशीदाकारी

95. शल्य चिकित्सीय पट्टी निर्माण

96. स्टोव की बत्तियाँ

97. कालीन बुनाई

98. पारंपरिक वस्त्र

99. शाल बुनाई (97 से 99 केवल उत्तर–पूर्व क्षेत्र के लिए)

100. पशमीना ऊन

सेवा उद्योग :

101. धुलाई

102. नाई

103. नलसाजी

104. बिजली की वायरिंग और घरेलू इलैक्ट्रानिक उपकरणों की

105. डीजल इंजनों–पम्पों सेटों आदि की मरम्मत

106. लाउडस्पीकर ध्वनि प्रसारक–माइक आदि ध्वनि प्रणालियों को किराये पर देना।

107. बैटरी भरना।

108. कला फलक चित्रकारी

109. साइकिल मरम्मत की दुकानें

110. राजगीर

111. बैंड मंडली

112. मोटरयुक्त स्थानीय नाव (केवल गोवा के लिए)

113. मोटरसाइकिल टैक्सी

114. ढाबा (शराब सहित)

115. चाय की दुकान

116. आयोडिन मिला नमक।

❖❖❖